Sonja Orth

Industriekaufmann
Industriekauffrau

Prüfungstrainer Zwischenprüfung
Übungsaufgaben und erläuterte Lösungen

Aufgabenteil

Bestell-Nr. 605

U-Form-Verlag · Hermann Ullrich (GmbH & Co) KG

Bitte beachten Sie:

Zu diesem Prüfungstrainer gehören auch noch ein Lösungsteil und ein Lösungsbogen.

11. Auflage 2012 · ISBN 978-3-88234-605-3

Mit diesem Prüfungstrainer bereiten Sie sich zur Zwischenprüfung zum Industriekaufmann/zur Industriekauffrau vor. Welche Inhalte in der Prüfung abgefragt werden, erfahren Sie auf den folgenden Seiten.

Inhalt des Prüfungstrainers

Der thematische Aufbau des Prüfungstrainers orientiert sich am „Prüfungskatalog für die IHK-Zwischenprüfungen – Industriekaufmann/Industriekauffrau". Er wurde von der Aufgabenstelle für kaufmännische Abschluss- und Zwischenprüfungen (AkA), Nürnberg, nach der Verordnung über die Berufsausbildung Industriekaufmann/Industriekauffrau vom **23. Juli 2002** herausgegeben.

Der Prüfungskatalog gliedert die Inhalte in drei übergeordnete Prüfungsgebiete:

01 Beschaffung und Bevorratung

02 Produkte und Dienstleistungen

03 Kosten- und Leistungsrechnung

04 Bereichsübergreifende Inhalte

Aufbau des Prüfungstrainers

Der Prüfungstrainer besteht aus drei separaten Teilen:

– Aufgabenteil mit Aufgaben

– Lösungsbogen

– Lösungs- und Erläuterungsteil

Wir empfehlen, den Lösungs- und Erläuterungsteil zunächst zur Seite zu legen und die vorgegebenen Lösungen erst anzusehen, nachdem Sie die Aufgaben gelöst haben.

Der Aufgabenteil orientiert sich an der konkreten Zwischenprüfung. Deshalb liegt der Lösungsbogen separat bei. Der Lösungsbogen sieht so ähnlich aus wie der der Prüfung und hat den Vorteil, dass Sie schon einmal üben können, die Antworten richtig einzutragen. Legen Sie den Lösungsbogen neben den Aufgabenteil: Bei einigen Aufgaben müssen Sie die Lösungen zuerst in die Kästchen neben der Aufgabe schreiben und sie anschließend in den Lösungsbogen übertragen, bei anderen tragen Sie die Lösung direkt in den Lösungsbogen ein. Also genau wie bei der Prüfung auch.

Der Lösungs- und Erläuterungsteil enthält dann die korrekten Lösungen mit ausführlichen Erläuterungen. Wenn Sie die Eintragungen des Lösungsbogens mit dem Lösungs- und Erläuterungsteil vergleichen, sehen Sie, welche Ihrer Antworten richtig und welche falsch sind. Die Erläuterungen sagen Ihnen dann, was an Ihren Lösungen falsch war.

Im Lösungsteil finden Sie neben ausführlichen Erläuterungen auch Schaubilder und Randbemerkungen, die für den Berufsalltag wichtige Informationen enthalten. Es lohnt sich, darauf zu achten.

Autorin und Verlag wünschen Ihnen viel Erfolg bei Ihrer Prüfung!

*Dies entspricht den Bereichen 04 – 08 des AkA-Prüfungskatalogs für die IHK-Zwischenprüfungen, Industriekaufmann/Industriekauffrau.

Die Zwischenprüfung zum Ausbildungsberuf Industriekaufmann/Industriekauffrau ist in allen Kammerbezirken gleich. Verantwortlich für die inhaltliche Gestaltung der Zwischenprüfung ist die Aufgabenstelle für kaufmännische Abschluss- und Zwischenprüfungen (AkA), Nürnberg.* In der Prüfungszeit von 90 Minuten sind rund 40 Aufgaben aus den folgenden Funktionen zu bearbeiten:

Prüfung bzw. Funktionen laut Ausbildungsordnung	Aufgabenteil ca. %

01 Beschaffung und Bevorratung
    0101 Bedarfermittlung und Disposition
    0102 Bestelldurchführung
    0103 Vorratshaltung und Beständeverwaltung
	50

02 Produkte und Dienstleistungen 0201 Produkte und Dienstleistungen	30
03 Kosten- und Leistungsrechnung 0301 Kosten- und Leistungsrechnung	20
Gesamt	**100**

Auszug: Prüfungskatalog für die IHK-Zwischenprüfungen Industriekaufmann/-frau, Hrsg. AkA, Nürnberg

Weitere Fertigkeiten und Kenntnisse, die während der gesamten Ausbildungszeit bzw. im 1. Ausbildungsjahr zu vermitteln sind, können im Zusammenhang mit den o. g. drei Prüfungsgebieten geprüft werden. In dieser Arbeitsmappe sind diese Aufgaben in dem Kapitel „Bereichsübergreifende Inhalte" zusammengefasst.

Bereichsübergreifende Inhalte

04 Der Ausbildungsbetrieb
    0401 Stellung, Rechtsform und Struktur des Ausbildungsbetriebes
    0402 Berufsbildung
    0403 Sicherheit und Gesundheitsschutz bei der Arbeit
    0404 Umweltschutz

05 Geschäftsprozesse und Märkte
    0501 Märkte, Kunden, Produkte und Dienstleistungen
    0502 Geschäftsprozesse und organisatorische Strukturen

06 Information, Kommunikation, Arbeitsorganisation
    0601 Informationsbeschaffung und -verarbeitung
    0602 Informations- und Kommunikationsysteme
    0603 Planung und Organisation
    0604 Teamarbeit, Kommunikation und Präsentation

07 Integrative Unternehmensprozesse
    0701 Logistik
    0702 Qualität und Innovation
    0703 Controlling

08 Personal
    0801 Personal (Rahmenbedingungen)

---

*Hinweis: Original Aufgabensätze der abgelaufenen Zwischenprüfungen und Abschlussprüfungen „Industriekaufmann/Industriekauffrau" sind beim U-Form-Verlag erhältlich, ebenso die Prüfungskataloge zu IHK-Zwischenprüfungen und IHK-Abschlussprüfungen.

Ein Aufgabensatz besteht aus einem Aufgabenheft, in dem die Aufgaben enthalten sind, und einem separaten Lösungsbogen. In diesen Lösungsbogen tragen Sie die Lösungen ein und geben ihn am Schluss zur Auswertung ab. Und nicht vergessen: In die Kopfzeile des Lösungsbogens müssen Sie auch Ihren Namen und Ihre Prüflingsnummer eintragen.

Nach der derzeit gültigen Ausbildungsordnung von 2002 erfolgt die gesamte Zwischenprüfung in gebundener (programmierter) Form. Die Aufgabentypen, auf die anschließend eingegangen wird, orientieren sich an denen der Zwischenprüfung.

Ebenso wie in der Prüfung finden Sie in dieser Arbeitsmappe gebundene Aufgaben und Rechenaufgaben. Gebunden (programmiert) bedeutet, dass zur Lösung der Aufgabe keine Texte selbstständig verfasst werden müssen, da die Antworten im Aufgabentext bereits enthalten sind. Sie müssen nur richtig ausgesucht oder geordnet werden.

Es gibt folgende Typen gebundener Aufgaben und Rechenaufgaben (einen Auszug des Lösungsbogens finden Sie auf Seite 10):

1. Mehrfachwahlaufgabe

Es werden mehrere Antworten vorgegeben. Eine davon ist richtig. Tragen Sie die Kennziffer der richtigen Antwort in das für die Aufgabe vorgesehene Lösungskästchen auf dem Lösungsbogen ein.

Beispiel:

Sie werden in der Einkaufsabteilung in den Aufgabenbereich Rohstoffbestellung eingearbeitet.

Welche der nachfolgenden Tätigkeiten gehört **nicht** zu Ihren Aufgaben?

1. Sie schließen einen Vertrag mit einem Lieferer ab.

2. Sie ermitteln den Bedarf an Rohstoffen.

3. Sie führen eine Bezugsquellenermittlung durch.

4. Sie überwachen die Lieferung.

5. Sie betreiben Kundenpflege.

---

2. Mehrfachantwortaufgabe

Es werden mehrere Antworten vorgegeben. Davon sind mehrere richtig. Die Anzahl der richtigen Antworten ist in der Aufgabe angegeben. Die Kennziffern der richtigen Antworten tragen Sie in die für die Aufgabe vorgesehenen Lösungskästchen auf dem Lösungsbogen ein. In welcher Reihenfolge Sie die Lösungen eintragen ist beliebig.

Beispiel:

Um die Qualität des Lagergutes zu erhalten, sind im Lager regelmäßig Maßnahmen der Warenkontrolle und Maßnahmen der Warenpflege durchzuführen. Sie notieren, welche Maßnahmen der Warenpflege in der laufenden Woche durchzuführen sind.

Welche **2** der nachfolgenden Maßnahmen gehören zur Warenpflege?

1. Qualität und Quantität der Ware überprüfen

2. Warengerechte Einlagerung des Wareneingangs

3. Säuberung der Lagerräume

4. Aussonderung von minderwertigen und unbrauchbar gewordenen Waren

5. Durchführung der Inventur

---

3. Zuordnungsaufgabe

Begriffe und Aussagen müssen Fragestellungen, Begriffen bzw. Feststellungen richtig zugeordnet werden. Die Kennziffern der richtigen Antworten tragen Sie zunächst in die zur Aufgabe gehörenden Lösungsfelder ein, anschließend übertragen Sie die Lösungen auf den Lösungsbogen (hinter der Aufgabennummer von links nach rechts). Achten Sie darauf, dass im Lösungsbogen die gleiche Reihenfolge eingehalten wird wie in der Aufgabe.

Beispiel:

Sie werten die schriftlich eingegangenen Angebote aus. Die Angebote enthalten unterschiedliche Freizeichnungsklauseln. Welche Feststellungen über Lieferzeit, Menge und Preis verbergen sich hinter den Freizeichnungsklauseln?

Ordnen Sie zu, indem Sie die Kennziffern der Feststellungen in die Kästchen neben den Freizeichnungsklauseln eintragen.

Feststellungen

1. Lieferzeit und Menge sind verbindlich, der Preis ist unverbindlich.
2. Preis und Lieferzeit sind verbindlich, die Menge ist unverbindlich.
3. Preis, Lieferzeit und Menge sind unverbindlich.
4. Preis und Menge sind verbindlich, die Lieferzeit ist unverbindlich.

Freizeichnungsklauseln

a) solange der Vorrat reicht	2
b) freibleibend	3
c) ohne Gewähr	3
d) Preise freibleibend	1
e) Lieferzeit freibleibend	4

4. Reihenfolgeaufgabe

Vorgänge und Arbeitsschritte müssen in die geforderte Reihenfolge gebracht werden. Beginnen Sie mit einer 1 für den ersten Vorgang/Arbeitsschritt und nummerieren Sie die darauf folgenden fortlaufend. Tragen Sie die Nummern der Reihenfolge zunächst in die zur Aufgabe gehörenden Lösungsfelder ein, anschließend übertragen Sie sie auf den Lösungsbogen (hinter der Aufgabennummer von links nach rechts). Achten Sie darauf, dass im Lösungsbogen die gleiche Reihenfolge eingehalten wird wie in der Aufgabe.

Beispiel:

Die Grothe GmbH hat zur Beaufsichtigung einer Sonderausstellung eine Reihe von Aushilfskräften eingesetzt, die zu unterschiedlichen Zeiten und zum Teil nur halbtags arbeiten können. Die Aufsicht ist jedoch ganztags erforderlich. Sie sollen einen Wochenarbeitsplan ausarbeiten. Wie gehen Sie vor?

Bringen Sie die Arbeitschritte in die richtige Reihenfolge, indem Sie die Ziffern 1 bis 4 in die Kästchen neben den Arbeitsschritten eintragen.

a) Sie lassen jedem Mitarbeiter einen Arbeitsplan zukommen.   **4**

b) Aus den Angaben der Mitarbeiter übertragen Sie die fixen Arbeitszeiten in den Arbeitsplan.   **2**

c) Sie lassen sich von jedem Mitarbeiter eine Auflistung seiner möglichen Arbeitszeiten geben und verschaffen sich einen Überblick über die Arbeitstage des Monats, für den Sie den Plan aufstellen möchten.   **1**

d) Aus den Angaben der Mitarbeiter übertragen Sie die flexiblen Arbeitszeiten in den Arbeitsplan.   **3**

---

5. Rechenaufgaben

Bei den Rechenaufgaben gibt es mehrere Varianten:

a) Mehrfachwahlaufgabe

Die Ergebnisse sind vorgegeben und die Kennziffer der richtigen Lösung, Formel usw. muss im Lösungsbogen eingetragen werden.

Beispiel:

siehe Aufgabentyp 1

---

b) Offen-Antwort-Aufgabe

Sie berechnen die Lösung und tragen das Ergebnis in die für die Aufgabe vorgesehenen Lösungskästchen auf dem Lösungsbogen ein.

Beispiel:

Sie nehmen eine Lieferung von 4,5 kg verschiedener Schrauben entgegen. Als Sie zufällig eine der Packungen öffnen, stellen Sie fest, dass bei zahlreichen Schrauben das Gewinde defekt ist. Sie sortieren die defekten Schrauben aus und ermitteln ihr Gewicht.

Die defekten Schrauben wiegen insgesamt 945 Gramm. Für eine Reklamation beim Lieferer benötigen Sie nun den prozentualen Anteil der mangelhaften Schrauben am Gesamtgewicht.

Wie viel Prozent der Ware weisen Mängel auf?

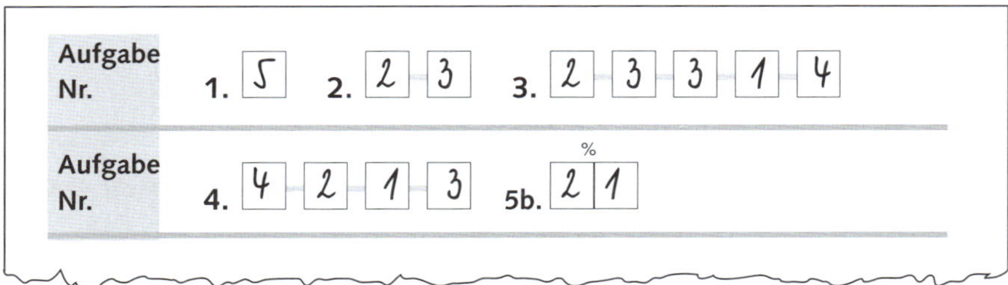

Zum Bearbeiten der gebundenen Aufgaben empfiehlt sich das folgende im Schema dargestellte Vorgehen:

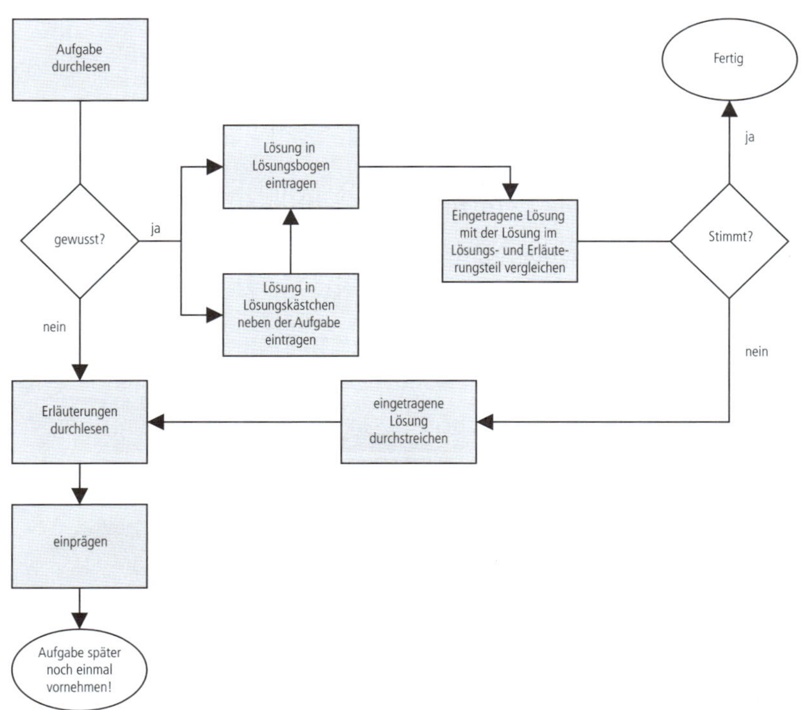

Beschaffung und Bevorratung

Ausgangslage für die Aufgaben 1.01 bis 1.06

Sie sind Auszubildende/r in einem Unternehmen der Textilverarbeitung. Die Produktion meldet, dass der Stoff, der für die Fertigstellung eines Auftrages vorgesehen war, durch einen Wasserrohrbruch unbrauchbar geworden ist. Es müssen möglichst schnell 20 Ballen des Stoffes bestellt und geliefert werden.

Das Unternehmen, von dem der Stoff bezogen wurde, hat diese Qualität aus dem Sortiment genommen. Sie erhalten die Aufgabe, weitere Anbieter zu recherchieren, die Stoffe in der gewünschten Qualität anbieten. Von diesen sollen Sie Angebote einholen, die Ware bestellen und sie entgegennehmen.

1.01

Zuerst ermitteln Sie die internen und anschließend die externen Bezugsquelleninformationen und werten sie aus.

Ordnen Sie zu, indem Sie die Kennziffern der Kriterien in die Kästchen neben den Bezugsquelleninformationen eintragen. Übertragen Sie anschließend Ihre senkrecht angeordneten Lösungsziffern in dieser Reihenfolge von links nach rechts in den Lösungsbogen.

Kriterien

1. Interne Bezugsquelleninformationen

2. Externe Bezugsquelleninformationen

3. Nicht geeignete Bezugsquelleninformationen

Bezugsquelleninformationen

a) Hersteller, die sich im Internet präsentieren

b) Testberichte einer unabhängigen Qualitätskontrolle

c) Statistik über den Marktanteil von Textilherstellern in Deutschland

d) Liefererdatei Ihres Unternehmens

e) Messekataloge

f) „ABC der Deutschen Wirtschaft"

g) Notizen Ihrer Außendienstmitarbeiter über Gespräche mit Anbietern auf Fachmessen

1.02

Sie schicken an verschiedene Anbieter jeweils eine Anfrage mit der Bitte um ein Angebot. Wie ist die rechtliche Situation Ihrer Anfrage?

1. Ihre Anfrage ist unverbindlich und verpflichtet nicht zum Kauf.
2. Schickt der Anbieter auf Ihre Anfrage hin ein Angebot, ist ein rechtsgültiger Kaufvertrag zu Stande gekommen.
3. Sie sind für die Dauer einer Woche an Ihre Anfrage gebunden.
4. Ihre Anfrage sollten Sie so vage wie möglich formulieren, damit sie nicht als Antrag missverstanden wird.

1.03

Sie werten die schriftlich eingegangenen Angebote aus. Die Angebote enthalten unterschiedliche Freizeichnungsklauseln. Welche Feststellungen über Lieferzeit, Menge und Preis verbergen sich hinter den Freizeichnungsklauseln?

Ordnen Sie zu, indem Sie die Kennziffern der Feststellungen in die Kästchen neben den Freizeichnungsklauseln eintragen.

Feststellungen

1. Lieferzeit und Menge sind verbindlich, der Preis ist unverbindlich.
2. Preis und Lieferzeit sind verbindlich, die Menge ist unverbindlich.
3. Preis, Lieferzeit und Menge sind unverbindlich.
4. Preis und Menge sind verbindlich, die Lieferzeit ist unverbindlich.

Freizeichnungsklauseln

a) solange der Vorrat reicht

b) freibleibend

c) ohne Gewähr

d) Preise freibleibend

e) Lieferzeit freibleibend

1.04

Welches der nachfolgenden Kriterien sollte bei Ihrem Angebotsvergleich keine Rolle spielen?

1. Service des Lieferers
2. Zuverlässigkeit des Lieferers
3. Belieferung von Konkurrenzunternehmen
4. Mindestbestellmengen
5. Kreditgewährung
6. Ökologische Gesichtspunkte
7. Lieferbedingungen
8. Liefertermin
9. Qualität
10. Preis

1.05

Sie vergleichen die Angebote der Dekotrend AG und der Stoffel GmbH hinsichtlich des Preises und der Preiskonditionen miteinander und haben die nachfolgenden Angaben gegenübergestellt.

Welches der beiden Angebote ist das preiswertere? Tragen Sie die Kennziffer des Angebots in das Lösungskästchen auf dem Lösungsbogen ein.

Angebots-kriterien	Angebot **1** Dekotrend AG	Angebot **2** Stoffel GmbH
Stoff	Jacquard Dekostoff mit Glanzgarnen (Lapislazuli/Gold)	Jacquard Dekostoff mit Glanzgarnen (Lapislazuli/Gold)
Menge	20 10-Meter-Ballen	20 10-Meter-Ballen
Angebotspreis	72,00 €/Ballen	69,50 €/Ballen
Rabatt	5 %	1 %
Skonto	3 %	3 %
Bezugskosten	Pauschale 50 €	8 %

1.06

Sie haben die meisten der schriftlich eingegangenen Angebote ausgewertet. Die Meier GmbH möchte einen Berater mit Stoffmustern und einem Angebot vorbeischicken. Sie müssen nun entscheiden, wie Sie weiter vorgehen.

In welchen **2** der nachfolgenden Fälle handeln Sie **falsch**?

1. Das günstigste Angebot ist zeitlich befristet. Sie müssen es also vor Ablauf der Befristung annehmen, da sonst der Anbieter rechtlich nicht mehr daran gebunden ist.

2. Sie werten sämtliche schriftlich eingegangenen Angebote vor dem Gespräch mit dem Berater der Meier GmbH aus, um das Angebot der Meier GmbH beurteilen und den Auftrag gegebenenfalls sofort erteilen zu können. Der Berater ist nämlich nur während der Dauer des Verkaufsgesprächs an sein Angebot gebunden.

3. Sie entscheiden sich für ein Angebot, das keine zeitliche Befristung enthält. Damit haben Sie bis zur Entscheidung und Auftragserteilung noch einige Wochen Zeit. Diese Zeit möchten Sie nutzen, um sorgfältig zu prüfen, ob das Angebot tatsächlich das günstigste ist.

4. Sie rufen bei der Texotec OHG an, um sich den Preis, der im Verkaufsprospekt genannt ist, schriftlich bestätigen zu lassen. Die Texotec OHG ist rechtlich nämlich nicht an den Preis gebunden, der im Prospekt genannt ist.

5. Sie nehmen das Angebot der Schultz GmbH an, bestellen aber statt der nachgefragten 20 Ballen nun 25 Ballen zum günstigen Angebotspreis. Der Angebotspreis gilt grundsätzlich auch für eine größere Bestellmenge.

Ausgangslage für die Aufgaben 1.07 bis 1.10

Ihr Ausbildungsbetrieb möchte seine Pressemappen ansprechender gestalten. Sie sollen eine größere Menge Dokumentenmappen mit aufgedrucktem Firmenlogo bestellen. Auf Ihre Anfrage hin erhalten Sie die Angebote der Sein&Design GmbH und der Papiermanufaktur GmbH.

1.07

Das Angebot der Sein&Design GmbH enthält die nachfolgenden Informationen über die Ware und die Lieferkonditionen. Der Verkaufsleiter fragt Sie telefonisch nach den darin enthaltenen Informationen über die Konditionen.

Welche **8** der 14 nachfolgenden Angebotsangaben geben Auskunft über die Konditionen?

1. Zahlung 21 Tage nach Erhalt der Rechnung
2. Lieferzeit 10 Tage
3. Verpackungsart: 20 Stück je Pappkarton
4. Verpackungskosten: 0,25 € pro Karton
5. Papercase „Superia"
6. „Made in Germany"
7. Gerichtsstand: Köln
8. Erfüllungsort: Düsseldorf
9. bis 2 000 Stück: 2,50 €/Stück
    ab 2 001 Stück: 2,00 €/Stück
10. einschließlich Versandkosten (Pauschale 10,00 €/Bestellung)
11. spezialbeschichtet und Schmutz abweisend
12. H x B x T: 31 x 23 x 15 mm
13. frei Haus
14. Farben: Cyan, Firmenlogo: Magenta/Schwarz (eingedruckt)

1.08

Das Angebot der Papiermanufaktur GmbH enthält die Lieferkonditionen „Lieferung binnen 10 Tagen unfrei".

Was bedeuten die Lieferbedingungen?

1. Die Papiermanufaktur GmbH schickt die Ware innerhalb von 10 Tagen an Ihren Ausbildungsbetrieb und stellt ihm die gesamten Lieferkosten in Rechnung.
2. Ihr Ausbildungsbetrieb soll die Ware nach 10 Tagen beim Verkäufer abholen.
3. Die Lieferung erfolgt exakt 10 Tage nach Annahme des Angebots.
4. Die Ware geht innerhalb der nächsten 10 Tage bei Ihrem Ausbildungsbetrieb ein. Die Papiermanufaktur GmbH übernimmt die Kosten bis zur Versandstation (z. B. Verladebahnhof).
5. Ihr Ausbildungsbetrieb übernimmt die Kosten ab der Empfangsstation (z. B. Empfangsbahnhof) und kann innerhalb der nächsten 10 Tage mit dem Erhalt der Ware rechnen.

1.09

Sie haben die nachfolgenden Staffelpreise der Papiermanufaktur GmbH vorliegen:

Dokumentenmappe El Greco	
Stück	**Preis (zzgl. 19 % USt.)**
1 bis 500 Stück	3,00 €/Stück
501 bis 1 000 Stück	2,50 €/Stück
1 001 bis 2 000 Stück	2,00 €/Stück

a) Wie hoch ist der erwartete Rechnungsbetrag einschl. 19 % USt. für 1 350 Dokumentenmappen, wenn netto mit Versandkosten von 149,00 € zu rechnen ist?

b) Wie hoch ist der prozentuale Anteil der Versandkosten (netto 149,00 €) am Nettorechnungsbetrag? Runden Sie das Ergebnis auf eine Stelle nach dem Komma.

1.10

Sie entscheiden sich für das Angebot der Papiermanufaktur GmbH. Die Dokumentenmappen werden in der vereinbarten Menge pünktlich geliefert. Die Rechnung liegt der Lieferung bei. Sie sollen sie prüfen.

Wie gehen Sie vor?

Bringen Sie den Ablauf Ihrer Rechnungsprüfung in die richtige Reihenfolge, indem Sie die Ziffern 1 bis 4 in die Kästchen neben den Arbeitsschritten eintragen. Übertragen Sie anschließend Ihre Lösungsziffern in dieser Reihenfolge von links nach rechts in den Lösungsbogen.

a) Sie prüfen die Rechnung auf ihre rechnerische Richtigkeit.

b) Sie geben die Rechnung zur Zahlung frei.

c) Sie prüfen die Rechnung auf ihre sachliche Richtigkeit.

d) Sie berechnen den zu zahlenden Rechnungsbetrag abzüglich Skonto.

Ausgangslage für die Aufgaben 1.11 bis 1.15

In Ihrem Ausbildungsbetrieb, dem Sitzmöbelhersteller Couchette OHG, kommt es häufig zu Kaufvertragsstörungen mit Lieferern. Sie sollen die Störungen prüfen und bearbeiten.

1.11

Sie erhalten eine Aufstellung von Geschäftsfällen und sollen beurteilen, bei welchen eine Verletzung vertraglicher Pflichten vorliegt.

In welchem der nachfolgenden Geschäftsfälle liegt **keine** Pflichtverletzung vor?

1. Als Liefertermin für Schaumstoffe war der 18. Juli vereinbart. Die Ware geht am 15. August ein.
2. Ein Lieferer hat vertragsgemäß Kirschbaumholz geliefert. Die Ware wurde nicht angenommen, da der Einkauf das Holz inzwischen preisgünstiger von einem anderen Lieferer bezogen hatte.
3. Am 4. April 2011 sind die bestellten 20 Ballen Stoff noch nicht eingetroffen, obwohl als Liefertermin „Lieferung ab März 2011" vereinbart worden war.
4. Am 1. Juni geht eine Mahnung über die Lieferung von 100 Rollen Spezialgarn ein, deren Rechnung Ihr Ausbildungsbetrieb am 20. April erhalten hat.

1.12

Zur Herstellung der neuen Kollektion hochwertiger Sitz- und Rückenlehnpolsterungen werden Zylinderfederkerne benötigt. Sie wurden bereits beim Hersteller bestellt. Dieser teilt Ihnen mit, dass aufgrund von Produktionsengpässen die Lieferung, die in der 25. KW eintreffen sollte, erst in der 28. KW verschickt werden kann.

Welche **2** Ihrer Handlungsmöglichkeiten sind rechtlich korrekt?

1. Sie können die Mitteilung stillschweigend zur Kenntnis nehmen und geben somit Ihr Einverständnis.
2. Sie können der Lieferverzögerung zustimmen und haben damit einen Rechtsanspruch auf eine Preisminderung.
3. Sie können vom Vertrag zurücktreten, da die Konditionen geändert wurden.
4. Da die Verzögerung zwei Wochen nicht überschreitet, können Sie nicht vom Vertrag zurücktreten.

1.13

Für die Fertigstellung eines Auftrags wird dringend eine Lieferung Kunstleder benötigt.

a) Die erwartete Lieferung Kunstleder trifft nicht ein. Auf Nachfrage beim Hersteller stellt sich heraus, dass dieser von Ihrem Ausbildungsbetrieb versehentlich eine veraltete Lieferadresse erhalten hat. Der Spediteur konnte die Ware also nicht zustellen und brachte sie zum Hersteller zurück. Die Ware wird dringend gebraucht und könnte auch bei einem anderen Anbieter bezogen werden.

Was können Sie tun?

1. Sie treten vom Vertrag zurück und beziehen die Ware bei einem anderen Lieferer.
2. Sie fordern den Lieferer auf, innerhalb von zwei Tagen zu liefern.
3. Sie fordern vom Lieferer umgehende Lieferung und zusätzlich Schadensersatz.
4. Sie verlangen „Schadensersatz statt der Leistung".

b) Die Couchette OHG hat von „Strathke GmbH", mit der bislang keine Geschäftsbeziehungen bestanden, unverlangt eine Lieferung Kunstleder erhalten. Der Sendung liegt eine Rechnung bei, die u. a. folgenden Hinweis enthält: „Rückgabe der Ware auf unsere Kosten innerhalb von 14 Tagen oder Überweisung des Rechnungsbetrages". Die Einkaufsleitung teilt Ihnen nach Rücksprache mit der Produktionsleitung mit, dass derzeit keine Verwendung für diese Qualität von Kunstleder besteht. Die Einkaufsleitung bittet Sie, die Ware ordnungsgemäß einlagern zu lassen und nichts weiter zu unternehmen.

Ist dies rechtlich zulässig?

1. Nein, die Ware muss sofort zurückgeschickt werden, da sonst ein Kaufvertrag zustande gekommen ist und die Ware bezahlt werden muss.
2. Ja, die Ware darf ordnungsgemäß eingelagert werden. Allerdings muss die Strathke GmbH umgehend verständigt werden, damit sie die Ware abholen kann.
3. Nein, es ist unerheblich, wie die Ware eingelagert wird. Entscheidend ist, dass sie nach 14 Tagen zurückgeschickt wird, da sonst ein Kaufvertrag zustande kommt.
4. Ja, Ihr Verhalten gilt als Ablehnung des Angebots, da zur Strathke GmbH keine Geschäftsbeziehung bestand und die Ware unaufgefordert zugeschickt wurde.

1.14

Da in Ihrem Ausbildungsbetrieb keine Kapazitäten frei waren, wurde der Polsterei Hartmann GmbH ein Unterauftrag über die Polsterung von 100 Stuhlsitzen erteilt. Die nebenstehende Rechnung über diesen Auftrag wurde versehentlich nicht bezahlt.

Die Hartmann GmbH droht nun nach Ablauf von 30 Tagen nach Fälligkeit der Rechnung für die 30 Tage Verzugszinsen in Höhe von 8,37 Prozent zu berechnen, sollte die Rechnung nicht innerhalb von fünf Arbeitstagen beglichen werden.

Welchen Betrag kann die Hartmann GmbH für die 30 Tage an Verzugszinsen in Rechnung stellen? (Nach der kaufmännischen Zinsmethode)

Runden Sie das Endergebnis auf zwei Stellen nach dem Komma.

1.14

Rechnung zu den Aufgaben 1.14 und 1.15

Wilhelm Hartmann GmbH – Merkatorstraße 12 – 65183 Wiesbaden

Couchette OHG
Rübezahlring 231
44388 Dortmund

Ihr Zeichen, Ihre Nachricht vom	Unser Zeichen	Telefon 0231 1245-	Dortmund
sb 2011-08-01	hz - ki	48	2011-08-18

R E C H N U N G

Rechnungsnr. 2235-1

Auftragsnummer: 2235

Auftragsdatum: 2011-08-01

100 Sitzstühle neu gepolstert und bezogen **Lieferdatum: 2011-08-15**

Pos.	Einzelpreis	Gesamtpreis
50 m Stoff	33,00 €/m	1.650,00 €
100 Federkörbe	14,50 €/Stück	1.450,00 €
100 kg Polstermaterial	10,50 €/kg	1.050,00 €
Arbeitslohn (90 Arbeitsstunden)	25,00 €/Stunde	2.250,00 €
= Nettopreis		6.400,00 €
zzgl. 19 % USt.		1.216,00 €
Gesamt		7.616,00 €

Steuer-Nr. 207/7777/242

1.15

Die Couchette OHG hat ihren Geschäftssitz in Dortmund, die Hartmann GmbH hat ihren Firmensitz in Wiesbaden. Laut Auftrag sollen die in der Rechnung genannten 100 Sitzstühle nach Fertigstellung des Auftrags in das Lager der Couchette OHG nach Hamm geliefert werden. Bei der Auftragserteilung wurde keine Vereinbarung über den Erfüllungsort getroffen.

Welche der nachfolgenden Aussagen zum gesetzlichen Erfüllungsort ist richtig?

1. Erfüllungsort der Lieferung ist Hamm, Erfüllungsort für die Zahlung ist Wiesbaden.
2. Erfüllungsort für die Lieferung ist Dortmund, Erfüllungsort für die Zahlung ist Wiesbaden.
3. Erfüllungsort für die Lieferung ist Wiesbaden, Erfüllungsort für die Zahlung ist Hamm.
4. Erfüllungsort für die Lieferung ist Wiesbaden, Erfüllungsort für die Zahlung ist Dortmund.

Ausgangslage für die Aufgaben 1.16 bis 1.18

Sie sind in der Warenannahme in Ihrem Ausbildungsbetrieb, einem Fahrradhersteller, eingesetzt. Dabei sollen Sie Waren entgegennehmen, kontrollieren und bei Mängeln entsprechende Schritte einleiten.

1.16

Sie nehmen verschiedene Warenlieferungen entgegen. Bei einigen der gelieferten Waren, stellen Sie Mängel fest. Was können Sie tun?

Ordnen Sie zu, indem Sie die Kennziffern der Handlungsschritte in die Kästchen neben den Mängeln eintragen.

Handlungsschritte

1. Sie verweigern die Annahme der Sendung.

2. Sie behalten die Ware und machen beim Lieferer eine Mängelrüge geltend.

3. Sie schicken die Ware sofort unfrei zurück.

Mängel

a) Sie nehmen eine Lieferung von verpackten 28-Zoll-Laufrädern an, da die Angaben auf der Transportverpackung mit denen des Lieferscheins übereinstimmen. Als Sie die Verpackung entfernen, stellen Sie fest, dass 26-Zoll-Laufräder geliefert wurden.

b) Die auf der Verpackung einer Ware ausgewiesene Inhaltsbestimmung stimmt nicht mit den Angaben des Lieferscheins überein.

c) Als Sie die gelieferten Schrauben wiegen, stellen Sie fest, dass zwar die bestellte Menge geliefert wurde, auf dem Lieferschein aber ein zu hohes Gewicht angegeben ist. Aufgrund fehlender Lagerbestände benötigt die Produktion die Schrauben aber dringend.

d) Die Verpackung der per Post gelieferten Prospekte für die nächste Werbeaktion ist zerrissen, sodass die Prospekte feucht geworden sind.

1.17

Sie nehmen eine Lieferung von 4,5 kg verschiedener Schrauben entgegen. Als Sie zufällig eine der Packungen öffnen, stellen Sie fest, dass bei zahlreichen Schrauben das Gewinde defekt ist. Sie sortieren die defekten Schrauben aus und ermitteln ihr Gewicht.

Die defekten Schrauben wiegen insgesamt 945 Gramm. Für eine Reklamation beim Lieferer benötigen Sie nun den prozentualen Anteil der mangelhaften Schrauben am Gesamtgewicht.

Wie viel Prozent der Ware weisen Mängel auf?

1.18

Sie sollen diverse Sachmängel, die bei Warenlieferungen gefunden wurden, reklamieren.

Bei welchem der nachfolgenden Beispiele liegt **kein** Sachmangel vor?

1. Bei der Reparatur einer Maschine bemerkt ein Mitarbeiter, dass eine undurchsichtige Flasche, die 1 Liter Schmieröl enthalten sollte, nur mit 0,75 Litern gefüllt ist.
2. Bei der Qualitätskontrolle eines neuen Trekkingrades stellt sich heraus, dass ein fremdbezogener, vom Hersteller als Wasser abweisend beworbener Sattel Wasser aufsaugt.
3. Es waren 330 Aluminium-Rahmen bestellt, aber nur 300 wurden geliefert.
4. Ein Lieferant liefert Luftpumpen, die er selbst vom Hersteller bezogen, aber noch nicht bezahlt hat.
5. Es waren Hinterbaudämpfer des Typs Karibik bestellt, geliefert wurden welche des Typs Madeira.
6. Beim Zusammenbau eines Regals stellt sich heraus, dass die Montageanleitung nicht zu diesem Regal passt.

Ausgangslage für die Aufgaben 1.19 bis 1.21

Sie sind für den Einkauf von Büromaterial zuständig. Für eine Werbeaktion, die vorbereitet werden soll, wird eine große Menge kopierfähiges farbiges Papier benötigt. Sie vergleichen verschiedene Angebote für „kopierfähiges farbiges Papier".

1.19

Sie haben eine schriftliche Bestellung von Büromaterial an die Seibt GmbH & Co. KG geschickt. Da keine Sondervereinbarungen getroffen wurden, gelten die gesetzlichen Bestimmungen.

Welche **2** der nachfolgenden Feststellungen geben die gesetzlichen Regelungen wieder?

1. Die Seibt GmbH & Co. KG hat sofort zu liefern.
2. Die Seibt GmbH & Co. KG kann die sofortige Begleichung der Rechnung verlangen.
3. Die Kosten für die Transportverpackung hat die Seibt GmbH & Co. KG zu tragen.
4. Sämtliche Versandkosten gehen zulasten der Seibt GmbH & Co. KG.
5. Die Seibt GmbH & Co. KG hat grundsätzlich und in jedem Fall Ware erster Güte zu liefern.
6. Der Firmensitz der Seibt GmbH & Co. KG ist Erfüllungsort für beide Teile.

1.20

Noch am selben Tag, an dem Sie der Seibt GmbH & Co. KG den Auftrag erteilt haben, erhalten Sie ein Angebot der Zwiesel AG zu weitaus günstigeren Konditionen.

Können Sie den Kaufvertrag mit der Seibt GmbH & Co. KG widerrufen?

1. Durch Ihre Bestellung ist ein rechtskräftiger Kaufvertrag zustande gekommen, der nicht widerrufen werden kann.
2. Ein Kaufvertrag kommt erst durch die Auftragsbestätigung zustande. Da Sie diese noch nicht erhalten haben, können Sie Ihre Bestellung widerrufen.
3. Sie können die Bestellung innerhalb von drei Arbeitstagen widerrufen.
4. Sie können die Bestellung telefonisch widerrufen, da der Widerruf spätestens zeitgleich mit der Bestellung eingehen muss.
5. Solange die Ware noch nicht versandt wurde, können Sie die Bestellung jederzeit widerrufen.

1.21

Das Papier wird nach sieben Monaten erstmals zum Kopieren benutzt. Dabei stellt sich heraus, dass sich das Papier entgegen den Angaben des Angebotes nicht zum Kopieren eignet. Sie möchten die Lieferung gegen Erstattung des Kaufpreises zurückgeben.

Welche **2** der nachfolgenden Handlungsmöglichkeiten sind rechtlich korrekt?

1. Da der Anbieter das Papier selbst von einem Hersteller bezogen hat, müssen Sie Ihre Mängelrüge direkt an den Papierhersteller richten.

2. Da „kopierfähig" keine typische Eigenschaft ist, die von farbigem Papier erwartet werden kann, liegt kein Sachmangel vor. Ihre Mängelrüge kann also zurückgewiesen werden.

3. Sie können das Papier nicht sofort unter Erstattung des Kaufpreises zurückgeben, sondern müssen dem Anbieter erst das Recht auf „Nacherfüllung" einräumen.

4. Die sechsmonatige Gewährleistungsfrist wurde überschritten. Nimmt der Anbieter Ihre Mängelrüge an, dann nur aus Kulanzgründen; Sie haben kein Recht mehr darauf.

5. Der Anbieter muss den Schaden, der Ihnen entstanden ist (z. B. Kosten für die kurzfristige Beschaffung von kopierfähigem Papier, Kosten, die im Rahmen der Mängelrüge angefallen sind), auf jeden Fall ersetzen.

Ausgangslage für die Aufgaben 1.22 bis 1.26

In Ihrem Ausbildungsbetrieb, der Leuchtmittel produziert, werden Sie mit dem Einkauf betraut. Grundlage Ihrer Einkaufsentscheidungen sind die Lagerkennzahlen. Sie führen also zuerst eine Bestandsanalyse durch.

1.22

Von einigen Verkaufs- und Verbrauchsartikeln benötigen Sie noch diverse Lagerkennzahlen. Diese berechnen Sie mithilfe von Formeln. Welche Formel ist für die Berechnung welcher Lagerkennzahl geeignet?

Ordnen Sie zu, indem Sie die Kennziffern der Formeln in die Kästchen neben den Lagerkennzahlen eintragen.

Formeln

1. $\dfrac{360}{\text{ø Lagerdauer}}$

2. Lieferzeit · täglicher Verbrauch + Mindestbestand

3. $\dfrac{\text{Jahresanfangsbestand} + 12 \text{ Monatsendbestände}}{13}$

4. $\dfrac{\text{Marktzinssatz} \cdot \text{ø Lagerdauer}}{360}$

5. $\dfrac{360}{\text{Umschlagshäufigkeit}}$

6. Mindestbestand + Bestellmenge

Lagerkennzahlen

a) Von HIT-Lampen möchten Sie den Meldebestand berechnen.

b) Von MH-Lampen möchten Sie den Lagerzinssatz wissen.

c) Von MBIL-Lampen benötigen Sie den durchschnittlichen Lagerbestand.

d) Von MP-Lampen wollen Sie die Lagerumschlagshäufigkeit wissen.

e) Von HIE-Lampen möchten Sie die durchschnittliche Lagerdauer kennen.

f) Von G4-Fassungen benötigen Sie den Höchstbestand.

1.23

Die Werkstatt teilt Ihnen einen täglichen Bedarf von 9 G13-Einsteckfassungen für T-Lampen mit. Die Lieferzeit beträgt 7 Tage, der Mindestbestand liegt bei 24 Stück, der Höchstbestand bei 120 Stück.

Wie hoch ist der Meldebestand an G13-Einsteckfassungen für T-Lampen?

1.24

Wie groß ist die maximale Bestellmenge von G13-Einsteckfassungen für T-Lampen? Die für die Berechnung erforderlichen Daten entnehmen Sie bitte Aufgabe 1.23.

1.25

Thermoplast-Fassungen werden von einem anderen Hersteller bezogen. Sie benötigen genaue Angaben über den Lagerbestand an E40 Thermoplast-Fassungen.

Berechnen Sie auf der Grundlage des manuell geführten Lagerbestandsbuchs den Lagerbestand am 21.12.

Lagerbestand (Auszug)				
Artikel: *E40 Thermoplast-Fassung* **Artikel-Nr.** *5569073* *Nennwert: 18/750; Material PPS, schwarz, Buchsenklemmen 0,75-4 qmm; Temperaturkenn-zeichnung T 240*		**Einheit:** *Stück*		
Datum	**Text/Beleg**	**Wareneingang**	**Warenausgang**	**Bestand**
2.1.				*437*
2.2.	*# 2345*		*142*	
8.4.	*# 3876*		*83*	
11.6.	*Lieferschein Nr. 30954*	*320*		
15.7.	*# 4830*		*201*	
1.10.	*# 5920*		*311*	
2.10.	*Lieferschein Nr. 98321*	*270*		
21.12.				

1.26

Bei jeder Einkaufsentscheidung, die Sie fällen, sollten Sie die Lagerkosten mit berücksichtigen. Am geringsten sind die Lagerkosten bei einem optimalen Lagerbestand.

Welche der nachfolgenden Feststellungen zum optimalen Lagerbestand der Thermoplast-Fassungen ist **falsch**?

1. Der optimale Lagerbestand von Termoplast-Fassungen ist ein anderer als der von G13-Einsteckfassungen und u.a. abhängig von der Verbrauchs- und Verkaufsmenge und der Lieferzeit des jeweiligen Lagergutes.
2. Bestellmenge und der Mindestbestand der Fassungen spielen bei der Ermittlung des optimalen Lagerbestands keine Rolle.
3. Eine optimale Lagermenge von Thermoplast-Fassungen verhindert eine hohe Kapitalbindung und hohe Lagerkosten.
4. Es ist zu erwarten, dass der optimale Lagerbestand von Fassungen höher liegen wird als der von Ersatzteilen für die Produktionsmaschinen.

Automatisches Hochregallager

Ausgangslage für die Aufgaben 1.27 bis 1.32

Der Versand verzeichnet einen regelmäßigen täglichen Bedarf von 90 Faltkartons der Größe 33 x 24,5 x 6 cm für den Versand von Ware. Der Versand meldet, dass der aktuelle Lagerbestand dieser Kartons bei 700 Stück liegt.

Die Lieferzeit beträgt laut Konditionen des Lieferers drei Arbeitstage. Ein Mindestbestand von 400 Faltkartons soll gehalten werden. Der Höchstbestand liegt bei 4 990 Stück.

1.27

a) Bei welchem Lagerbestand müssen Sie die Faltkartons spätestens bestellen?

  1. Sofort, also bei einem Lagerbestand von 700 Stück.

  2. Bei einem Lagerbestand von 670 Stück.

  3. Bei einem Lagerbestand von 520 Stück.

  4. Bei einem Lagerbestand von 400 Stück.

b) Wie hoch ist die maximale Bestellmenge der Faltkartons?

1.28

Bei der Mengendisposition müssen Sie verschiedene Faktoren berücksichtigen. Welche der nachfolgenden Feststellungen zu Ihrer Mengendisposition ist **falsch**?

1. Die Bestellmenge an Faltkartons ist abhängig von der Größe des zur Verfügung stehenden Lagerplatzes.

2. Beim Einkauf größerer Mengen Faltkartons können Sie Vorteile im Hinblick auf Mengenrabatt ausnutzen.

3. Die optimale Bestellmenge an Faltkartons ist dann gegeben, wenn die Preisvorteile beim Einkauf gleich bzw. etwas größer sind als die Kostennachteile durch erhöhte Lagerhaltung, längere Kapitalbildung usw.

4. Sie sollten nur kleine Mengen an Kartons bestellen und lagern, da so die Lagerkosten gering gehalten werden und die Lagerumschlaghäufigkeit größer ist.

1.29

a) Die beim Lieferer bestellten Faltkartons der Größe 33 x 24,5 x 6 cm wurden termingerecht geliefert. Der Lagerleiter meldet, dass sich am 3. Juli des laufenden Jahres vor Arbeitsbeginn 4 990 Stück im Lager befinden.

An welchem Tag (Tag und Monat) wird bei einem weiterhin konstanten Verbrauch von 90 Stück pro Tag, bei einer 5-Tage-Arbeitswoche (Montag bis Freitag) und einer Lieferzeit von drei Arbeitstagen der Meldebestand erreicht, der Sie zu einer weiteren Bestellung beim Lieferer auffordert?

Berechnen Sie den Tag, an dem der Meldebestand erreicht wird, mithilfe des nachfolgenden Kalenderauszuges!

	Juli					August					September				
Mo		6	13	20	27		3	10	17	24	31		7	14	21	28
Di		7	14	21	28		4	11	18	25		1	8	15	22	29
Mi	1	8	15	22	29		5	12	19	26		2	9	16	23	30
Do	2	9	16	23	30		6	13	20	27		3	10	17	24	
Fr	3	10	17	24	31		7	14	21	28		4	11	18	25	
Sa	4	11	18	25		1	8	15	22	29		5	12	19	26	
So	**5**	**12**	**19**	**26**		**2**	**9**	**16**	**23**	**30**		**6**	**13**	**20**	**27**

b) Der Lieferer der Faltkartons hat Ihnen mitgeteilt, dass aufgrund von Produktionsengpässen die Lieferzeit der Kartons künftig nicht mehr drei, sondern vier Tage betragen wird.

Welche Auswirkungen hat diese Mitteilung auf den Meldebestand?
1. Der Meldebestand der Faltkartons bleibt gleich.
2. Der Meldebestand der Faltkartons muss erhöht werden.
3. Der Meldebestand der Faltkartons muss gesenkt werden.
4. Eine Erhöhung der Lieferzeit hat keinen Einfluss auf den Meldebestand.

1.30

Einer Lieferung Versandkartons (Oktober 2010) liegt die nebenstehende Rechnung bei. Die Versandkosten in Höhe von 130,00 € wurden vom Lieferer auf der Grundlage der Mengen für alle drei Positionen errechnet, d. h., auf jeden gelieferten Karton entfällt der gleiche Frachtkostenanteil.

a) Pos. 3 der Rechnung haben Sie für einen Auftrag nachbestellt. Die Kosten sollen einschließlich der Versandkosten an den Kunden weiterberechnet werden.

Sie können dem Kunden nun nicht die gesamten Versandkosten in Rechnung stellen, sondern nur den Anteil, der auf die Liefermenge von Pos. 3 entfällt. Welcher Frachtkostenanteil entfällt auf die Liefermenge von Pos. 3 der Rechnung?

b) Welcher Gesamtbetrag wird dem Kunden in Rechnung gestellt?

zu Aufgabe 1.30

Gebrüder Schieder GmbH

Verpackungen aus Voll- und Wellpappe seit 1910

Versandkartons · Faltkartons · Pappenverarbeitung · Stanzverpackungen aller Art

Gebr. Schieder GmbH – Halterner Weg 34 b – 70178 Stuttgart

Hilde Kühn GmbH
Lohring 11
74081 Heilbronn

R E C H N U N G

Datum:	11-10-01
Nummer:	33845-KR28/05
Lieferschein:	33845-KL28/05
Kundennummer:	33845

Tel. Bestellung Herr Kievelbusch

Pos.	Artikel-Nr.	Artikelbezeichnung	Menge	Preis/Einheit	Summe €
1	f33x20x5	Faltkartons mit Resy-Stempel Gr. 33 x 20 x 5 cm	1036 Stück	0,48	497,28
2	f33x24,5x9	Faltkartons mit Resy-Stempel Gr. 33 x 24,5 x 9 cm aus Graukarton, wie bereits geliefert	521 Stück	0,71	369,91
3	KVP1	Kreuzverpackung Gr. 22 x 31 cm, bis 8 cm Inhalt	300 Stück	0,63	189,00
		Versandkostenpauschale			130,00

Unsere Steuer-Nr. 432/7752/7070

Zahlungsbedingungen:		Nettobetrag:	1.186,19
14 Tage 2 % Skonto oder 30 Tage netto		Umsatzsteuer 19 %:	225,38
Lieferbedingungen: frei Sped.		**Gesamtbetrag:**	**1.411,57**

1.31

Da der Lieferant von Kartonagen eine Preiserhöhung angekündigt hat, suchen Sie mittelfristig einen anderen Lieferer in der Umgebung, der zu günstigeren Preiskonditionen liefert.

Welche der nachfolgenden Vorgehensweisen ist effizient und Zeit sparend?

1. Sie suchen unter der Rubrik „Gewerbetreibende" in den „Gelben Seiten".
2. Sie schauen im Amtlichen Adressbuch Ihres Ortes unter dem Begriff „Kartonagen".
3. Sie sehen im örtlichen Telefonbuch im Alphabet unter „K" nach.
4. Sie suchen im örtlichen Telefonbuch auffallende Werbung von Kartonagenherstellern.
5. Sie rufen einen Kartonagenhersteller an und fragen ihn nach den Adressen weiterer Konkurrenten.
6. Sie schauen in den „Gelben Seiten" unter dem Begriff „Kartonagen".
7. Sie nehmen im Internet die Dienste einer Suchmaschine in Anspruch und geben dort den Begriff „Kartonagen" ein.

1.32

Sie haben drei infrage kommende Kartonagen-Hersteller ausgesucht. Sie bitten die jeweiligen Unternehmen Ihnen die Preis- und Lieferkonditionen mitzuteilen.

Was erhalten Sie von den jeweiligen Herstellern?

1. Ein Bestellformular
2. Eine schriftliche Anfrage
3. Ein Angebot
4. Eine Kostenkalkulation
5. Einen Lieferschein

Ausgangslage für die Aufgaben 1.33 bis 1.37

Sie sind in einem Zuliefererbetrieb der Maschinenbaubranche derzeit in der Lagerverwaltung eingesetzt.

Eine Überprüfung der Lagerhaltungskosten in den Lägern Bauteile und Ersatzteile der letzten Jahre hat ergeben, dass diese zu hoch sind. Die Geschäftsleitung muss in Kürze entscheiden, ob Lagerhaltung nicht zugunsten von fertigungssynchroner Beschaffung (Just-in-time) aufgegeben wird.

In einer Teamsitzung, bei der Sie das Protokoll führen, wird das Für und Wider der Lagerhaltung diskutiert. Sie sollen ein Ergebnisprotokoll verfassen und jedem Teilnehmer ein Exemplar zukommen lassen. Dem Protokoll sollen Sie eine Auflistung der anfallenden Lagerkosten anhängen.

1.33

Was versteht man unter einer fertigungssynchronen Beschaffung?

1. Die Ware wird in regelmäßigen Abständen (Bestellrhythmus) bestellt, z. B. immer am Quartalsende.
2. Die Bestellung enthält einen fixen Liefertermin.
3. Nicht benötigte Ware kann wieder zurück gegeben werden.
4. Die Ware wird im Bedarfsfall vom Lieferer bereitgestellt.
5. Die Abrechnung erfolgt grundsätzlich am Jahresende.

1.34

Bei der Teamsitzung wurden die Vorteile von fertigungssynchroner Beschaffung (Just-in-time) und von Lagerhaltung diskutiert. Sie haben die genannten Vorteile stichpunktartig protokolliert und möchten sie nun in Ihrem Ergebnisprotokoll tabellarisch einander gegenüberstellen. Welches sind Vorteile der Lagerhaltung und welches Vorteile der fertigungssynchronen Beschaffung?

Ordnen Sie zu, indem Sie die Kennziffern der Kategorien in die Kästchen neben den Vorteilen eintragen.

Kategorien

1. Vorteile von Lagerhaltung
2. Vorteile von Just-in-time

Vorteile

a) Ausnutzung kurzfristiger Preisvorteile

b) Geringe Lagerkosten durch Beschränkung der Lagerung auf Mindestmenge

c) Geringes Risiko von Produktionsengpässen aufgrund von Lieferschwierigkeiten

1.35

Einer der Teilnehmer der Teamsitzung hat einen Verbesserungsvorschlag unterbreitet: Er hat festgestellt, dass der Lagerraum für Ersatzteile, der 12,50 m lang und 10,80 m breit ist, übersichtlicher und kostensparender genutzt werden könnte, wenn der Raum durch eine Zwischenwand im Verhältnis 3:5 geteilt werden würde. In dem kleineren Raum könnten Kleinteile gelagert werden.

Wie viel Quadratmeter misst dann der kleinere Raum? Runden Sie das Ergebnis auf zwei Stellen nach dem Komma.

1.36

In Ihrem Ausbildungsbetrieb gibt es eine Vielzahl von Lägern. Um einen Überblick über bereits vorhandene Läger zu erhalten und so die anfallenden Kosten besser beurteilen zu können, sollen Sie verschiedene Waren und Produkte zu ihrem jeweiligen Lagerort bringen.

Welche Waren und Produkte werden sinnvollerweise wo gelagert?

Ordnen Sie zu, indem Sie die Kennziffern der **5** Waren und Produkte in die Kästchen neben den 5 Lagerorten eintragen.

Waren und Produkte

1. Diverse Büromaterialien (Briefpapier, Kuverts, Kugelschreiber, Heftklammern usw.)
2. Ersatzteile aus leichtem Kunststoff
3. Schmierölabfälle
4. Witterungsresistente Maschinenteile
5. Mehrere große Paletten mit Spezialpapier

Lagerorte

a) Bis zur Verarbeitung Lagerung in einem geschlossenen Lager

b) Bis zum Verbrauch Zwischenlagerung in einem offenen Lager

c) Bis zum Verbrauch Lagerung in einem eingeschossigen Lager

d) Bis zur Entsorgung Lagerung in einem Zwischenlager

e) Für den regelmäßigen Gebrauch Lagerung in einem Handlager

1.37

Sie haben sich einen Überblick über die verschiedenen Lagerkosten verschafft und halten sie schriftlich fest. Zur Übersichtlichkeit ordnen Sie diese den verschiedenen Kostenarten Sachkosten, Kosten des Lagerrisikos und Personalkosten zu.

Ordnen Sie zu, indem Sie die Kennziffern der Kostenarten in die Kästchen neben den Kosten eintragen.

Kostenarten

1. Sachkosten

2. Kosten des Lagerrisikos

3. Personalkosten

Kosten

a) Führerscheinerwerb eines Mitarbeiters zur Bedienung des Gabelstaplers

b) Einkauf: Mikrofasertücher zum Entstauben des Lagerguts

c) Versicherungsprämie für das Lagergebäude, die Lagereinrichtung und die gelagerten Waren

d) Das Gummi zu lange eingelagerter Schläuche und Dichtungen ist porös geworden.

e) Schwund von Rohrzangen (festgestellt bei der letzten Inventur)

f) Telefonrechnung von 107,56 € für das Lager

g) Sonderangebote der Konkurrenz können zu einem Preisverfall der eingelagerten Aluminiumelemente führen.

Ausgangslage für die Aufgaben 1.38 bis 1.41

In Ihrem Ausbildungsbetrieb, einem Süßwarenhersteller, sind Sie bei der Warenannahme einge-setzt. Der Lagerleiter betraut Sie mit den folgenden Aufgaben: Sie sollen 100 Fünf-Liter-Eimer Honig, die von einem Spediteur geliefert werden, entgegennehmen und einlagern. Anschließend sollen Sie eine Liste erstellen, welche Maßnahmen der Warenkontrolle und Warenpflege in der darauf folgenden Woche durchzuführen sind.

1.38

Bevor der Spediteur kommt, wollen Sie sich einen Überblick verschaffen, wie das Lager organisiert ist. Dazu versuchen Sie herauszufinden, welche Lagerplatzordnung vorherrscht.

Ordnen Sie zu, indem Sie die Kennziffern der Lagerplatzordnung in die Kästchen neben den Merk-malen eintragen.

Lagerplatzordnungen

1. Feste Lagerplatzordnung

2. Freie Lagerplatzordnung

Merkmale

a) Im Zutaten-Lager hat jede Warengruppe einen bestimmten Platz im Lager.

b) Im Rohstofflager wird penibel darauf geachtet, dass die Lagerplatzadresse und der EAN-Code der Waren DV-technisch erfasst werden, um das Lagergut jederzeit wiederzufinden.

c) Das Zutaten-Lager weist kurzfristig Leerplätze auf, die dadurch entstanden sind, dass be-stimmte Artikel aus dem Sortiment genommen wurden.

d) Von Rosinen ist kein Lagerbestand vorhanden. Bei Lieferung werden sie dort eingeordnet, wo ein geeigneter freier Lagerplatz zur Verfügung steht.

e) Der Lagerplatz im Zutaten-Lager ist am durchschnittlichen Bedarf ausgerichtet.

1.39

Der Spediteur liefert die bestellte Ware an. Sie nehmen sie entgegen.

Bringen Sie die Arbeitsschritte der Warenannahme in die richtige Reihenfolge, indem Sie die Ziffern 1 bis 6 in die Kästchen neben den Arbeitsschritten eintragen.

a) Sie übernehmen die Ware vom Spediteur und entladen das Lieferfahrzeug.

b) Sie lagern die Ware ein.

c) Sie identifizieren die Ware anhand von Warenaufschriften, Identnummern usw.

d) Sie überprüfen die Unversehrtheit der Verpackung und der Ware.

e) Sie transportieren die Ware zur Ablagefläche im Wareneingangsbereich.

f) Sie weisen der Ware per Lagerbestandskartei, Lagerbestandsbuch oder elektronischem Lagerbestandssystem einen Lagerplatz zu.

1.40

Sie räumen die Eimer mit dem Honig in das dafür vorgesehene Regal ein. Dabei berücksichtigen Sie bestimmte Kriterien der Einlagerung.

Welches der nachfolgenden Kriterien sollte bei der Zuordnung eines Lagerplatzes **keine** Rolle spielen?

1. Die Zugriffshäufigkeit auf das Lagergut

2. Das Datum der Warenlieferung

3. Die Reihenfolge der Auslagerung

4. Das Gewicht des Lagergutes

5. Die Handhabbarkeit des Lagergutes

6. Das Haltbarkeitsdatum des Lagergutes

1.41

Um die Qualität des Lagergutes zu erhalten, sind im Lager regelmäßig Maßnahmen der Warenkontrolle und Maßnahmen der Warenpflege durchzuführen. Sie notieren, welche Maßnahmen der Warenpflege in der laufenden Woche durchzuführen sind.

Welche **2** der nachfolgenden Maßnahmen gehören zur Warenpflege?

1. Qualität und Quantität der Ware überprüfen

2. Warengerechte Einlagerung des Wareneingangs

3. Säuberung der Lagerräume

4. Aussonderung von minderwertigen und unbrauchbar gewordenen Waren

5. Durchführung der Inventur

Ausgangslage für die Aufgaben 1.42 bis 1.46

Sie sind im Lager Ihres Ausbildungsbetriebes, einem mittelständischen Kfz-Zulieferer-Betrieb, eingesetzt. Die Mengenbewegungen jeder Materialgruppe werden fortlaufend in der Lagerdatei erfasst und so der Sollbestand fortgeschrieben. Die einzelnen Warengruppen werden zu unterschiedlichen Zeiten einmal jährlich gezählt und somit der Istbestand erfasst.

1.42

Welche Art der Inventur wird in Ihrem Ausbildungsbetrieb durchgeführt?

1. Stichtagsinventur

2. Stichprobeninventur

3. Verlegte Inventur

4. Permanente Inventur

1.43

a) Eine Bestandskontrolle ergibt die folgenden Bestandsdaten für vier Artikelgruppen:

Bestandsdaten

Artikel	Anfangsbestand 1.4.	Zugänge	Abgänge	Endbestand 30.4.
Nr. 21345-9	107	35		77
Nr. 45990-1	25	75		63
Nr. 334008-2	245	102		312
Nr. 87012-3	336	80		276

Die Lagerleitung hat es versäumt, die Abgänge zu dokumentieren. Wie hoch ist der gesamte Warenabsatz aller vier Artikelgruppen im April?

b) Nach Auswertung der Inventur erhalten Sie die folgenden Daten zu Artikel Nr. 87012-3:

Durchschnittlicher Lagerbestand: 400 Stück
Durchschnittliche Lagerdauer: 90 Tage
Jahresverbrauch: 1 600 Stück
Jahreszinssatz: 8 %

Wie hoch ist der Lagerzinssatz ? (Rechnen Sie mit 360 Tagen pro Jahr!)

Fortsetzung auf der nächsten Seite

1.43

Fortsetzung

c) Wie verändert sich der Lagerzinssatz, wenn aufgrund einer Zunahme der Produktion die Umschlagshäufigkeit steigt und sich somit die durchschnittliche Lagerdauer von Artikel Nr. 87012-3 auf 45 Tage verringert?

1. Der Lagerzinssatz steigt.
2. Der Lagerzinssatz bleibt unverändert.
3. Der Lagerzinssatz sinkt.

1.44

Artikel Nr. 334008-2 (siehe vorangegangene Aufgabe) wird vom Hersteller für kurze Zeit zu einem Sonderpreis angeboten. Bevor entschieden werden kann, ob bzw. in welcher Menge der Artikel nachbestellt werden soll, muss die Lagerreichweite ermittelt werden.

Wie groß ist die Lagerreichweite dieses Artikels, wenn Sie von einem Lagerbestand von 312 Stück und einem durchschnittlichen täglichen Verbrauch von sechs Stück ausgehen?

1.45

Um Verderb entgegenzuwirken, soll das Lager nach Lagergut durchsucht werden, das nicht warengerecht gelagert wird. Welche **3** der nachfolgenden Verkaufs- und Verbrauchsgüter, sind **nicht** warengerecht gelagert?

1. Lacke sind im Regal neben der Heizungsanlage gelagert.
2. Radkappen werden eingeschweißt gelagert.
3. Schrauben aus Eisen, die selten gebraucht werden, sind in einem offenen Lager untergebracht.
4. Sitzbezüge aus Textilmaterialien werden dunkel gelagert.
5. Altöle werden auf der Rasenfläche auf dem Betriebsgelände gelagert.

1.46

Die Bestandskontrolle hat einen unverhältnismäßigen Schwund an Werkzeug im Werkzeuglager ergeben. In einem firmeninternen Rundschreiben werden Anweisungen erteilt, wie die Lagerbestandskontrolle künftig durchzuführen ist.

Welche **2** der nachfolgenden Anweisungen über die Lagerbestandskontrolle sind **falsch** bzw. **wenig sinnvoll**?

1. Beim Wareneingang müssen auf der Lagerfachkarte der Ware zwingend die folgenden Daten erfasst werden: Datum des Wareneingangs, Warenmenge, Warenart, Artikelnummer, Lagerplatznummer und Rechnungsnummer. Jede Lagerfachkarte muss außerdem Angaben zum Mindestbestand und zum Meldebestand enthalten.

2. Ein- und ausgehende Waren sind zusätzlich im Lagerbuchhaltungsprogramm zu erfassen.

3. Einmal monatlich sind Bestandsaufnahmen durchzuführen. Dabei müssen die Qualität und die Menge des Lagergutes überprüft werden.

4. Der bei einer Bestandsaufnahme ermittelte Bestand eines Lagergutes wird mit dem jeweiligen Sollbestand verglichen. So lässt sich Schwund zeitlich eingrenzen.

5. Es sind darüber hinaus regelmäßige Stichprobenkontrollen durchzuführen, da jedes Unternehmen dazu gesetzlich verpflichtet ist.

Produkte und Dienstleistungen

Ausgangslage für die Aufgaben 2.01 bis 2.04

Ihr Ausbildungsbetrieb, die Wonderworld GmbH, stellt Outdoor-Produkte her.

Unter der Produktpalette nimmt hinsichtlich des Absatzes ein neu entwickelter großräumiger Rucksack aus strapazierfähigem Material eine herausragende Stellung ein. Der Rucksack, den es in verschiedenen Farben und Ausführungen gibt, wurde vor allem bei Jugendlichen als Marke etabliert. Vertrieben werden die Rucksäcke über Kaufhäuser, den Sportfachhandel und den Lederwarenfachhandel.

2.01

Um die Marke auf dem Markt zu etablieren, hat Ihr Ausbildungsbetrieb das nachfolgende Markenzeichen eintragen lassen:

Wonderpack

Welche Feststellung dazu ist **falsch**?

1. Die Wonderworld GmbH muss das Markenzeichen auch ins Handelsregister eintragen lassen.
2. Das geschützte Markenzeichen darf nur von Ihrem Ausbildungsbetrieb verwendet werden.
3. Ein Markenzeichen ist ein Vorteil beim überregionalen Vertrieb der Waren.
4. Ein Markenzeichen ist unabdingbar, wenn die Identifikation des Verbrauchers angestrebt werden soll.
5. Mithilfe von Markenzeichen lassen sich gleichartige Produkte unterscheiden.

2.02

Da zunehmend auch andere Anbieter qualitativ hochwertige Rucksäcke zu günstigen Preisen auf den Markt bringen, ist der Umsatz an Wonderpack-Rucksäcken in den letzten Monaten nur noch leicht gestiegen.

In welcher Phase des Produktlebenszyklus befindet sich das Produkt?

1. Einführungsphase
2. Wachstumsphase
3. Reifephase
4. Sättigungsphase
5. Rückgangsphase

2.03

Welche der nachfolgenden Maßnahmen ist **nicht** geeignet, in dieser Phase des Produktlebenszyklus den Absatz anzukurbeln?

1. Die Rucksäcke werden in Produktvariationen angeboten, z. B. in Farben, die zu den aktuellen saisonalen Modefarben passen.
2. Die Rucksäcke werden stärker als bisher in Zeitschriften beworben, die von Jugendlichen gelesen werden.
3. Der Preis der Rucksäcke wird gesenkt.
4. Das Angebot an Rucksäcken wird eingeschränkt.
5. Ihr Ausbildungsbetrieb betreibt Verbraucherpromotion.

2.04

Eine Projektgruppe soll mithilfe der Methode 635 Vorschläge zur Absatzförderung entwickeln. Worum handelt es sich bei dieser Methode?

1. Es werden 127 repräsentative Kundenbefragungen mit je 5 Vorschlägen ausgewertet. Daraus wird ein Pool mit 635 Vorschlägen gewonnen.
2. Die Projektgruppe hat 635 Stunden Zeit schriftlich Vorschläge zu entwickeln.
3. 6 Mitglieder einer Arbeitsgruppe schreiben 3 Vorschläge auf, die 5 mal weiterentwickelt werden.
4. 635 Kunden werden telefonisch zu ihrer Meinung über ein Produkt befragt.
5. 6 Mitarbeiter erarbeiten in 3 Arbeitsgruppen 5 Ideen je Arbeitsgruppe.

Ausgangslage für die Aufgaben 2.05 bis 2.08

Sie sind Auszubildender bei der Tafelspitz GmbH, einem Tochterunternehmen der Stahlit AG. Der Stahl wird bei der Stahlit AG produziert und dort gelagert. Ihr Ausbildungsbetrieb hat sich auf den Verkauf dieses Stahls spezialisiert.

Der Firmensitz der Stahlit AG und der Tafelspitz GmbH befindet sich in Duisburg. Ihr Ausbildungsbetrieb ist für den Verkauf, die logistische Abwicklung des Kaufvertrages und die Kundenbetreuung verantwortlich. Sie sind im Vertrieb eingesetzt.

2.05

Die Bohnstett GmbH, ein Spaltbetrieb, bestellt Stahl. Er bezieht sich dabei auf das nachfolgende Angebot Ihrer Unternehmung.

Bohnstett GmbH

Von: klaus.tafelspitz@tafelspitz.de
Gesendet: Donnerstag, 2. Oktober 2011, 10:27
An: info@bohnstett.de
Betreff: Angebot

```
Sehr geehrte Damen und Herren,

vielen Dank für Ihre schriftliche Anfrage. Wir bieten Ihnen an:

500 Tonnen      1 a Warmbreitband    Güte QST 380      480,00 €/Tonne netto
                3,5 mm x 1 000 mm

Die Lieferung erfolgt in der 49. KW.

Die gelieferte Ware bleibt bis zur vollständigen Bezahlung Eigentum der
Stahlit AG. Wir bitten um Zahlung bis zum 15. des der Lieferung folgenden
Monats. Wir liefern „franko Remscheid".

Über Ihre Bestellung würden wir uns sehr freuen.

Mit freundlichen Grüßen


Klaus Tafelspitz
```

Um welche Art von Angebot handelt es sich?

1. Um ein befristetes Angebot

2. Um ein freibleibendes Angebot

3. Um ein verbindliches Angebot

4. Um ein Angebot unter Anwesenden

2.06

Sie beauftragen eine Spedition mit der Lieferung des Stahls an die Bohnstett GmbH.

Welches Formular erhält der Fahrer der Spedition quittiert zurück?

1. Den Bestelldurchschlag

2. Die Wareneingangsmeldung

3. Den Lieferschein

4. Den Qualitätsnachweis der Ware

5. Den Frachtbrief

2.07

Auf Wunsch der Bohnstett GmbH, deren Firmensitz sich in Solingen befindet, erfolgt die Lieferung des Stahls zu deren Außenlager in Remscheid. Es wurde vertraglich kein Erfüllungsort festgelegt.

Wo sind die jeweiligen Erfüllungsorte?

Ordnen Sie zu, indem Sie die Kennziffern der Orte in die Kästchen neben den Erfüllungsorten eintragen. Übertragen Sie anschließend Ihre senkrecht angeordneten Lösungsziffern in dieser Reihenfolge von links nach rechts in den Lösungsbogen.

1. Duisburg

2. Solingen

3. Remscheid

a) Erfüllungsort für die Ware

b) Erfüllungsort für die Zahlung

2.08

Anders als im Angebot genannt, lautet die genaue Formulierung im Kaufvertrag:

500 Tonnen 1 a Warmbreitband Güte QST 380 230.000,00 € netto Lieferung 49. KW.

Um welche Art von Kaufvertrag handelt es sich?

1. Kommissionskauf

2. Bestimmungskauf

3. Kauf auf Probe

4. Kauf auf Abruf

Ausgangslage für die Aufgaben 2.09 bis 2.12

Ihr Ausbildungsbetrieb, die Boccelli GmbH, hat sich auf die Produktion und den Vertrieb von Bademoden sowie Textil- und Kosmetikprodukten aus dem Wellnessbereich spezialisiert. Die Produkte werden größtenteils in eigenen Produktionsstätten in Deutschland produziert und über spezielle Fachhändler auf Franchisebasis vertrieben. Boccelli-Ladenlokale sind in zahlreichen deutschen Städten vertreten. Das Unternehmen legt größten Wert auf eine Corporate Identity (CI).

Einige Franchisenehmer verzeichneten in den letzten beiden Jahren einen jährlichen Absatzrückgang von über 10 Prozent. Gründe dafür könnten im Sortiment zu suchen sein. Bevor über Anpassungen des Produktionsprogramms entschieden werden kann, müssen Daten aus einer Sortiments-analyse gewonnen werden.

2.09

Um Daten für die Sortimentsanalyse zu gewinnen, wirken Sie bei einem der Fachhändler bei einer Sortimentskontrolle mit. Als Gedächtnisstütze halten Sie Ihre Beobachtungen schriftlich fest.

Welche **2** der Aufzeichnungen sind **falsch**?

1. Bademützen Flowery werden von Kunden kaum nachgefragt. Es liegt also ein Übersortiment vor.
2. Der Fachhändler verfügt über ein variables Sortiment, da er viele Warengruppen führt.
3. Mit einer Penner/Renner-Liste lässt sich ermitteln, welche Produkte sich gut verkaufen und welche schlecht.
4. Bei den Badehosen sollte eine Sortimentsbereinigung vorgenommen werden, d. h., bestimmte Marken müssen aus dem Sortiment genommen werden.
5. Beim Sortiment Pflegeprodukte ist eine Sortimentserweiterung erforderlich. Es soll eine Diversifikation durchgeführt werden, d.h., bereits im Sortiment vertretene Artikel werden durch andere ergänzt.
6. Es wurde im letzten Jahr bereits eine Sortimentsvariation durchgeführt, indem Sonnenbrillen der Marke Carmen durch Sonnenbrillen der Marke Aida ersetzt wurden.

2.10

Sie haben die Aufgabe, als Diskussionsgrundlage einer Besprechung eine Auflistung mit Verbesserungsvorschlägen zur Sortimentspolitik zusammenzustellen. Sie haben die Punkte zuvor mit Ihrem Vorgesetzten besprochen.

Allerdings sind nur **4** Ihrer Vorschläge zur Sortimentsgestaltung richtig. Welche?

1. Jeder Franchisenehmer sollte über seine Sortimentsgestaltung frei entscheiden dürfen. Nur so kann die CI in ausreichendem Maße berücksichtigt werden.

2. Stehen größere Sortimentsveränderungen an, sollte eine Marktanalyse durchgeführt werden.

3. Über die Sortimentsgestaltung kann der Franchisegeber unabhängig von eigenen vertraglichen Bindungen an Lieferer entscheiden.

4. Ganzjahresartikel werden zu bestimmten Zeiten verkauft, Saisonartikel dagegen das gesamte Jahr über. Bei Wellness-Produkten handelt es sich um Saisonartikel; dieses Produktsegment sollte deshalb mittelfristig ausgebaut werden.

5. Bei der Sortimentsgestaltung sollte verstärkt darauf geachtet werden, welche Möglichkeiten der Warenpräsentation das Ladenlokal des Franchisenehmers bietet.

6. Die Sortimentsgestaltung sollte unabhängig davon durchgeführt werden, ob die Ware in Selbstbedienung oder mit Bedienung präsentiert werden kann.

7. Sortimentsgestaltung und -präsentation sollten auf Bedarfsbündel hin ausgerichtet werden, da diese einen Einfluss auf das Kundenklientel hat, das gewonnen werden soll.

8. Es sollte eine Verkaufsmengenanalyse je Franchisenehmer durchgeführt werden, da diese Einfluss auf die Sortimentsgestaltung hat.

2.11

Sie sollen nach weiteren Ursachen für den Absatzrückgang auf der Grundlage einer Sekundärerhebung suchen.

Worum handelt es sich dabei?

1. Marktinformationen, die durch die direkte Befragung von Kunden gewonnen wurden.

2. Marktinformationen werden aus bereits vorhandenen Materialien (Untersuchungen) gewonnen.

3. Marktinformationen, die ausschließlich von anerkannten Marktforschungsinstituten ermittelt wurden.

4. Marktinformationen, die aus der Auswertung des Kundenstammes gewonnen wurden.

2.12

In einer westdeutschen Großstadt soll ein neues Boccelli-Ladenlokal eröffnet werden, in dem ein nach einem neuen Konzept entwickeltes Sortiment präsentiert wird. Es sollen vor Ort zwei Verkaufsmitarbeiter eingestellt werden. Zuerst muss ein geeigneter Standort gefunden werden.

Welche **3** der nachfolgenden Kriterien sind für eine Standortwahl zweitrangig?

1. Grundstückspreise bzw. Mietpreise
2. Lage an Energiequellen
3. Verkehrsgünstige Lage
4. Naturgegebene Verhältnisse
5. Absatzmöglichkeiten
6. Arbeitskräfte

Stadt, Straße	Passanten
München, Kaufingerstraße	14 130
Frankfurt a. M., Zeil	12 940
Köln, Schildergasse	12 115
Stuttgart, Königstraße	11 180
Hamburg, Spitaler Straße	10 925
Nürnberg, Karolinenstraße	10 700
Wiesbaden, Kirchgasse	10 500
Köln, Hohe Straße	10 350
Hamburg, Mönckebergstraße	10 275
Münster, Ludgeristraße	9 390
Dortmund, Westenhellweg	8 970
München, Neuhauser Straße	8 970
Leipzig, Petersstraße	8 955
Berlin, Kurfürstendamm	8 390
Berlin, Tauentzienstraße	8 125
Berlin, Alexanderplatz	8 100
Leipzig, Grimmaische Straße	7 995
Hannover, Bahnhofstraße	7 770
Düsseldorf, Flingerstraße	7 640
Aachen, Adalbertstraße	7 620

Ausgangslage für die Aufgaben 2.13 bis 2.17

Ihr Ausbildungsbetrieb stellt Herrenoberbekleidung her. Vor allem die Bearbeitung von Aufträgen und die Überwachung des Produktionsprogramms gehören zu Ihren Aufgaben.

Die Stoffproduktion erfolgt zum Teil im eigenen Unternehmen, zum Teil werden Stoffe fremdbezogen. Das Nähen der Hemden und die Qualitätskontrolle wird im Gruppenakkord von Näherinnen durchgeführt.

2.13

Aufgrund von erwarteten modebedingten Umsatzeinbußen bei Herrenhemden, sieht sich Ihr Unternehmen gezwungen, Anpassungen beim Produktionsprogramm vorzunehmen. In erster Linie soll die Produktionstiefe verändert werden.

Welche Maßnahme verändert **nicht** die Produktionstiefe?

1. Für das Nähen selbst gefertigter Stoffe wird das Tochterunternehmen in Polen beauftragt.
2. Stoffe, die bisher von einem anderen Hersteller bezogen wurden, werden nun selbst produziert.
3. In das Fertigungsprogramm werden Hemden mit neuen Schnitten aufgenommen.
4. Das Konfektionieren von Hemden, das bisher selbst durchgeführt wurde, wird jetzt bei einem anderen Unternehmen in Auftrag gegeben.

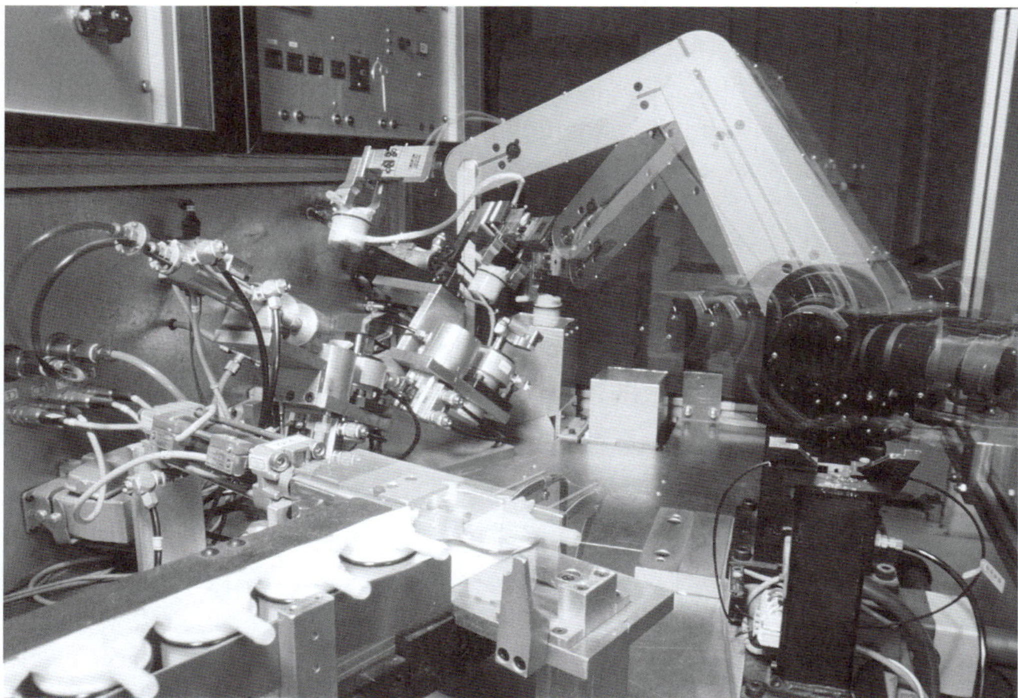

Industrie-Roboter

2.14

Ein Herrenausstatter möchte 1 000 gleiche Herrenhemden mit Kragenweite 54 und verkürzter Ärmellänge bestellen. Vor einer endgültigen Auftragserteilung als Serienfertigung, möchte er zehn Muster zur Begutachtung. Die zehn Hemden werden also in Sonderfertigung hergestellt.

Bringen Sie die Abwicklung einer Sonderfertigung in die richtige Reihenfolge, indem Sie die Ziffern 1 bis 8 in die Kästchen neben den Arbeitsschritten eintragen. Übertragen Sie anschließend Ihre senkrecht angeordneten Lösungsziffern in dieser Reihenfolge von links nach rechts in den Lösungsbogen.

a) Sie verhandeln mit dem Kunden über Preis und Lieferkonditionen der Muster und des Folgeauftrags und schließen einen Vertrag mit ihm ab.

b) Sie klären technische Details des Auftrags und der Fertigungsbedingungen mit der Entwicklung und der Produktionsplanung ab.

c) Sie lassen Muster in einer Nullserie herstellen, die an den Kunden geschickt werden.

d) Sie lassen die Detailkonstruktion des Spezialartikels ausarbeiten.

e) Sie nehmen die Freigabe der Fertigung durch den Kunden nach seiner Begutachtung der Muster entgegen und leiten sie an die Produktionsleitung weiter.

f) Sie nehmen die Anfrage des Kunden über die Konditionen der Sonderfertigung entgegen und beantworten sie.

g) Sie lassen die erforderlichen Maschinen für die Fertigung einrichten und das Material für die Fertigung bereitstellen.

h) Sie arbeiten einen Kostenvoranschlag aus.

2.15

Der Kunde erteilt nach Begutachtung der Muster den Auftrag für die Serienfertigung der Hemden. Einige Tage nach Auftragserteilung fragt er nach, ob die Hemden eine Woche früher als vereinbart geliefert werden können.

Welche **2** der nachfolgenden Ereignisse ermöglichen einen früheren Termin der Fertigstellung?

1. Einzelteile wie Manschetten und Brusttaschen werden innerbetrieblich genormt (Fertigung nach dem Baukastenprinzip).
2. Nachträgliche Sonderwünsche des Kunden werden berücksichtigt.
3. Es wird mit Zustimmung des Betriebsrats eine Sonderschicht eingerichtet.
4. Der Fertigungsdurchlauf wird durch eine Reduzierung der Liegezeiten verkürzt.

2.16

Für die Bearbeitung des Auftrags wird eine Arbeitswoche veranschlagt. Damit die Hemden vereinbarungsgemäß geliefert werden können, müssen drei Näherinnen eine Woche lang im Gruppenakkord arbeiten. Sie sollen den Näherinnen erklären, was unter „Gruppenakkord" zu verstehen ist.

Welche Ihrer Feststellungen zum Gruppenakkord ist **falsch**?

1. „Beim Gruppenakkord werden die Arbeitskräfte einer Arbeitsgruppe gemeinsam entlohnt."
2. „Gruppenakkordlohn ist eine Entlohnungsform, die sich dann eignet, wenn sich der Beitrag des einzelnen Mitarbeiters innerhalb einer Gruppe nicht exakt messen lässt."
3. „Eine Gruppe arbeitet als Team, d. h., es findet keine Arbeitsteilung statt."
4. „Die Mitarbeiter einer Arbeitsgruppe kontrollieren sich gegenseitig."

2.17

Die drei Näherinnen Frau Carlmann, Frau Kücükoglu und Frau Strawitzki erhalten für die Arbeitswoche einen Gruppenakkord von 1.100,00 €. Aufgrund ihrer unterschiedlich langen Betriebszugehörigkeit unterscheiden sich die Akkordrichtsätze der drei Mitarbeiterinnen wie folgt:

Näherin	Akkordrichtsatz in €	Arbeitszeit in Stunden
Carlmann	4,50	19,5
Kücükoglu	5,00	30,0
Strawitzki	5,50	37,5

Wie hoch ist der Wochenlohn für jede der drei Näherinnen? Runden Sie Zwischen- und Endergebnisse jeweils auf zwei Stellen nach dem Komma.

Hinweis: Durch rundungsbedingte Differenzen kann die Summe der Wochenlöhne der drei Näherinnen, die Sie ausgerechnet haben, geringfügig über den 1.100,00 € liegen. Diese Differenz kann bei der Berechnung außer Acht gelassen werden.

a) Carlmann

b) Kücükoglu

c) Strawitzki

Ausgangslage für die Aufgaben 2.18 bis 2.22

Ihr Ausbildungsbetrieb, ein mittelständisches Unternehmen, die BBX GmbH, stellt Bilderrahmen her. Hauptabnehmer sind Galerien und Museen.

Die Bilderrahmen sind hinsichtlich der Ausführung genormt (gleich große Seitenkanten, Glasfront, Metallrahmen abgeschrägt, matt-silberfarben). Die Rahmen werden in drei Größen produziert.

Um Rationalisierungseffekte auszunutzen, wird beim Umrüsten von einer auf die andere Größe die optimale Losgröße berücksichtigt. Die Rahmen werden in Fertigungsstraßen produziert; der Arbeitsfluss ist dabei zeitlich ungebunden.

2.18

a) Welche Fertigungsart liegt vor?

   1. Einzelfertigung

   2. Serienfertigung

   3. Massenfertigung

   4. Sortenfertigung

b) Um welche Fertigungsorganisation handelt es sich?

   1. Werkstattfertigung

   2. Werkstättenfertigung

   3. Reihenfertigung

   4. Fließfertigung

2.19

a) Für einen Großauftrag an Holzrahmen wird in der 21. KW, montags, Holz geliefert. Der Lieferer räumt der BBX GmbH ein Zahlungsziel von drei Wochen ein. Die Rechnung wird Anfang der 24. KW beglichen. Das Holz wird sofort zu Rahmen verarbeitet und termingerecht an den Auftraggeber zu Beginn der 29. KW geliefert. Laut Rechnung hat der Kunde ein Zahlungsziel von drei Wochen. Die Rechnung wird zu Beginn der 32. Woche bezahlt.

   Wie viele Wochen beträgt aus Sicht der BBX GmbH die Kapitalbindung für das Holz?

b) Um die Qualität zu verbessern, produziert die BBX GmbH in diesem Jahr für ihre Bilderrahmen statt der bisherigen Kunststoffhalterungen nun Metallhalterungen.

   Um welche Maßnahme handelt es sich?

   1. um eine Diversifikation

   2. um eine Substitution

   3. um eine Innovation

2.20

Sie sollen für einen Kundenauftrag zur Herstellung von Rahmen in Spezialanfertigung die Vorgabezeit berechnen. Dazu stehen Ihnen die folgenden Daten zur Verfügung:

Tätigkeit:	Zeit (in Dezimalminuten)
1. Zuschneiden des Materials	12,90
2. Bereitstellen des zugeschnittenen Materials	3,60
3. Einstellen der Maschinen und Einspannen des Materials in die Maschinen	40,50
4. Durchführung verschiedener Tätigkeiten zur Herstellung eines Rahmens	5,50
5. Lackierung und maschinelle Trocknung eines Rahmens	2,50

Losgröße 100 Stück

Verteilzeitzuschlag: 7 %
Erholzeitzuschlag: 8 %

Wie hoch ist die Auftragszeit in Stunden (Echtzeit)? Runden Sie das Ergebnis auf ganze Stunden auf.

2.21

In der Produktion fällt wöchentlich Arbeit im Umfang von 414 Stunden an. Die Arbeit wurde bislang von neun Mitarbeitern bewältigt. Künftig soll auf Überstunden verzichtet werden und dafür sollen neue Mitarbeiter eingestellt werden.

Wie viele neue Mitarbeiter sind einzustellen, wenn die reguläre wöchentliche Arbeitszeit je Mitarbeiter 38 Stunden beträgt? Runden Sie alle Ergebnisse auf ganze Zahlen auf.

2.22

Eine Galerie bestellt anlässlich einer Ausstellungseröffnung, die am 16. Mai stattfinden soll, je 25 Rahmen aller drei Größen. Die Ware soll am 12. Mai des laufenden Jahres fix geliefert werden.

Welche **3** der nachfolgenden Folgen hat der Fixhandelskauf für die Galerie und für Ihren Ausbildungsbetrieb?

1. Der Kaufpreis ist von der Galerie im Voraus zu entrichten.

2. Die BBX GmbH muss schnellstmöglichst die Ware liefern.

3. Im Vertrag muss der genaue Termin der Lieferung benannt werden.

4. Im Vertrag muss der frühestmögliche Termin der Lieferung exakt benannt werden.

5. Bei Nichterfüllung des Vertrages kann die Galerie Schadenersatz fordern.

6. Eine Nacherfüllung entfällt beim Fixhandelskauf.

Ausgangslage für die Aufgaben 2.23 bis 2.27

Sie sind in Ihrem Ausbildungsbetrieb, einem Hersteller von Hausgeräten, im Produktionsbereich eingesetzt. Hier soll eine neue Staubsaugerserie produziert werden.

Um einen Überblick zu erhalten, sollen Sie als Erstes ein Organigramm des Produktionsbereichs erstellen. Der übergeordneten Produktionsleitung sind Unterabteilungen nach dem Funktionenprinzip zugeordnet.

2.23

Was ist ein Organigramm?

1. Ein Organigramm ist eine Übersicht über die Organisationsstrukturen eines Unternehmens.
2. Ein Organigramm ist eine detaillierte Aufgabenbeschreibung der einzelnen Mitarbeiter.
3. Ein Organigramm ist eine Auflistung der aktuellen Auftragslage des Unternehmens.
4. Ein Organigramm ist eine Übersicht über die Maschinenbelegungszeiten.
5. Ein Organigramm enthält die im Produktionsprozess ausführenden Stellen und dazugehörigen Arbeitsgänge in der Reihenfolge des Durchlaufs.

2.24

Die Arbeitsabläufe betrieblicher Leistungserstellung sind je nach Produkt verschieden.

Welcher der nachfolgenden Arbeitsschritte ist übergeordnet und kann in fast jeder Phase der Leistungserstellung durchgeführt werden?

1. Produktionsprogrammplanung
2. Fertigungsplanung
3. Produktionsplanung und -steuerung
4. Qualitätskontrolle
5. Fertigungsdurchführung

2.25

In der Fertigungsplanung Ihres Ausbildungsbetriebes wird die Produktion der neuen Staubsaugerserie geplant.

Welcher der nachfolgend genannten Planungsschritte gehört **nicht** zum Aufgabenbereich der Fertigungsplanung für die neue Staubsaugerserie?

1. Planung des Fertigungsablaufs

2. Auftragsvorbereitung

3. Bereitstellungsplanung

4. Fertigungssteuerung

5. Festlegen der Auftragsgröße

6. Terminplanung

7. Planung der Programmtiefe

8. Reihenfolgeplanung

9. Planen der Maschinenbelegung

2.26

In der Fertigungsplanung lernen Sie verschiedene Arten von Stücklisten kennen. Worin unterscheiden sie sich?

Ordnen Sie zu, indem Sie die Kennziffern der passenden Stücklisten in die Kästchen neben den lückenhaften Feststellungen eintragen.

Stücklisten

1. Strukturstückliste

2. Baukastenstückliste

3. Fertigungsstückliste

4. Materialstückliste

Feststellungen

a) Die .... enthält die Baugruppen und Teile einer Fertigungsstufe.

b) Die .... ist Grundlage der Fertigung und Montage der Baugruppen und Einzelteile.

c) Die .... enthält den Bedarf an Baugruppen, Einzelteilen und Stoffen in der Reihenfolge aller Fertigungsstufen eines Erzeugnisses.

d) Die .... trennt zwischen Positionen der Eigenfertigung und Fremdbezug.

2.27

Der Fertigungsablauf des Motor-Filtersystems des Staubsaugers (Erzeugnis A) wird geplant. Sie haben folgende Erzeugnisstruktur vorliegen:

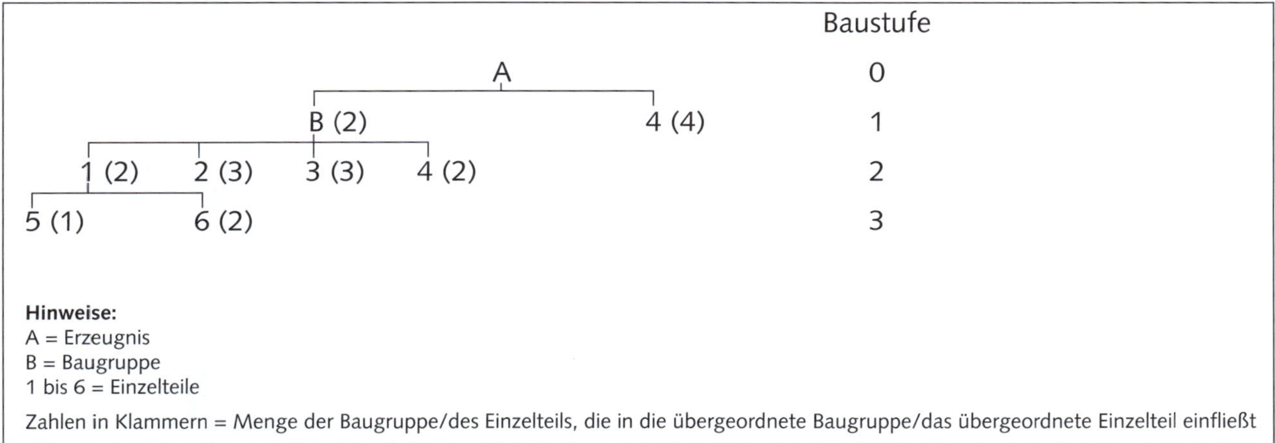

Hinweise:
A = Erzeugnis
B = Baugruppe
1 bis 6 = Einzelteile

Zahlen in Klammern = Menge der Baugruppe/des Einzelteils, die in die übergeordnete Baugruppe/das übergeordnete Einzelteil einfließt

a) Welche Menge von Teil 4 ist zur Herstellung von einem Stück Erzeugnis A erforderlich?

   1. 4 Stück

   2. 6 Stück

   3. 8 Stück

   4. 24 Stück

b) Von Erzeugnis A sollen 5 000 Stück produziert werden. Sie sollen Teil 6 beim Hersteller bestellen. Als Sicherheitsreserve sollen über den für die Produktion erforderlichen Bedarf noch zusätzlich 2 000 Stück von Teil 6 bestellt werden.

Welche Menge an Teil 6 müssen Sie bestellen?

Ausgangslage für die Aufgaben 2.28 bis 2.30

Ihr Ausbildungsbetrieb, ein Schuhhersteller für Übergrößen, möchte statt wie bisher in Einzelfertigung künftig in Serienfertigung produzieren. Die Schuhe werden nun in Reihenfertigung und nicht wie bisher in Werkstattfertigung hergestellt.

2.28

Die Geschäftsleitung hat mit ihrer Entscheidung von Einzelfertigung auf Serienfertigung umzustellen, auf die sich verändernden Rahmenbedingungen in der Schuhbranche reagiert.

Welche der nachfolgenden Feststellungen enthält **keinen** Grund für eine Umstellung?

1. Die Nachfrage nach ähnlichen kostengünstig produzierten Schuhen ist gestiegen.
2. Das Auftragsvolumen hat abgenommen.
3. Die speziellen Kundenwünsche haben abgenommen.
4. Der Kostendruck machte einen Rationalisierungsbedarf erforderlich.

2.29

Die Umstellung von Einzelfertigung auf Serienfertigung zieht grundlegende betriebliche Änderungen nach sich.

Welche **2** der nachfolgenden Änderungen, die sich durch die Serienfertigung ergeben, sind **falsch**?

1. Jedes Paar Schuhe in Übergröße wird auf der Grundlage eines Auftrags extra hergestellt. Die Herstellung in Werkstattfertigung setzt voraus, dass die Arbeitskräfte vielseitig ausgebildet sind.
2. Von jedem Schuhmodell wird künftig je Größe eine begrenzte Menge hergestellt.
3. Von Serie zu Serie ist ein aufwändiges Umrüsten der Maschinen erforderlich.
4. Spezielle Kundenwünsche können nun in einem hohen Maße berücksichtigt werden.

2.30

Bei der Umstellung von Werkstattfertigung auf Reihenfertigung müssen der Betrieb und der Betriebsablauf grundlegend neu strukturiert werden.

Welche **5** der nachfolgenden Charakteristika sind typisch für die Reihenfertigung?

1. Universalmaschinen
2. Spezialmaschinen
3. Zahlreiche Transporteinrichtungen
4. Wenige Transporteinrichtungen
5. Speziell an einer Maschine geschulte Facharbeiter
6. Universell ausgebildete Arbeitskräfte
7. Planung von Pufferzeiten bei den Durchlaufzeiten
8. Abfolge von Betriebsmitteln und Arbeitskräften orientiert sich am Produktionsablauf

Ausgangslage für die Aufgaben 2.31 bis 2.33

In Ihrem Ausbildungsbetrieb werden Metalldrehverschlüsse für Glasbehältnisse hergestellt. Die Verschlüsse werden meist Just-in-time bestellt.

Die gesamte Produktpalette wird an drei Stanzen gefertigt. Sie haben für die 27. Kalenderwoche (KW) die nachfolgenden Aufträge zu bearbeiten:

Auftrags-Nr.	Artikel	Dauer in Tagen	Fertigstellungstermin 27. KW
1	Drehfix 123	4	Samstag
2	Drexhex	2	Freitag
3	Fixmat	4	Freitag
4	Fixtherm	3	Freitag
5	LXM-Fix	2	Donnerstag
6	Premium FJ	1	Samstag
7	Drehlit 59	1	Montag
8	Quickfix	1	Samstag

2.31

Sie sollen mithilfe der oben stehenden Auftragsübersicht einen Maschinenbelegungsplan für die 27. KW aufstellen. Aus technischen Gründen kann Auftrag 2 nur an Stanze 1, Auftrag 4 nur an Stanze 2 und Auftrag 8 nur an Stanze 3 bearbeitet werden.

Die Aufträge sollen dabei je Maschine am Stück und nicht gesplittet bearbeitet werden. Tragen Sie die Nummern der Aufträge in den nachfolgenden Maschinenbelegungsplan ein!

Maschinenbelegungsplan 27. KW

Stanze	Montag	Dienstag	Mittwoch	Donnerstag	Freitag	Samstag
Stanze 1						
Stanze 2						
Stanze 3						

a) Stanze 1: ☐ – ☐ – ☐ – ☐ – ☐ –

b) Stanze 2: ☐ – ☐ – ☐ – ☐ – ☐ –

c) Stanze 3: ☐ – ☐ – ☐ – ☐ – ☐

2.32

Sie sollen dem neuen Auszubildenden erklären, wozu der Maschinenbelegungsplan für die Stanzen dient.

Welche Ihrer Feststellungen ist richtig?

1. Durch einen Maschinenbelegungsplan lassen sich frühzeitig Fertigungsengpässe feststellen.
2. Ein Maschinenbelegungsplan ist eine wichtige Voraussetzung für die Materialbeschaffung.
3. Ein Maschinenbelegungsplan hilft dabei, hohen Lagerbeständen entgegenzuwirken.
4. Durch einen Maschinenbelegungsplan vermeidet man Ausschuss.

2.33

In der 28. Kalenderwoche soll Lagerware produziert werden. Durch einen Maschinenausfall von Stanze 2 kommt es in der 28. KW zu einem Produktionsengpass.

Die Produktionsleitung entscheidet, dass die Reihenfolge der unten stehenden Aufträge von ihrem relativen Deckungsbeitrag abhängig gemacht werden soll: Je höher der relative Deckungsbeitrag des jeweiligen Auftrags, um so vorrangiger soll er gefertigt werden. Sie erhalten die Aufgabe die Reihenfolge, in der die Aufträge ausgeführt werden sollen, zu ermitteln.

Ermitteln Sie die Reihenfolge der nachfolgenden Aufträge rechnerisch und tragen Sie die Nummern der Aufträge in der richtigen Reihenfolge in die Lösungskästchen ein. Runden Sie alle Ergebnisse auf zwei Stellen nach dem Komma.

Auftragsübersicht 28. KW

Auftrags-Nr.	Verkaufspreis in €	Variable Stückkosten in €	Bearbeitungszeit in Minuten
1	20,80	8,00	20
2	23,40	10,50	22
3	30,80	14,80	14
4	18,40	5,40	10

Reihenfolge der Aufträge:

3 Kosten- und Leistungsrechnung

Ausgangslage für die Aufgaben 3.01 bis 3.05

In Ihrem Ausbildungsbetrieb, einem Süßwaren- und Konditoreiwarenhersteller, sollen Sie in die Kostenrechnung eingearbeitet werden. Zu Ihren Aufgaben gehört die Kostenkontrolle des Rohstoffeinkaufs.

3.01

Um sich einen Überblick zu verschaffen, lassen Sie im Lager eine „XYZ-Analyse" der eingelagerten Rohstoffe durchführen.

Welches Ziel verfolgt die XYZ-Analyse?

1. Bei einer XYZ-Analyse werden die eingelagerten Waren mengenmäßig erfasst.
2. Bei einer XYZ-Analyse wird der Lagerort jeder Ware überprüft.
3. Bei einer XYZ-Analyse werden die Qualität der Waren und ihre Haltbarkeit kontrolliert.
4. Bei einer XYZ-Analyse wird ermittelt, welche Rohstoffe den Meldebestand erreicht haben.
5. Bei der XYZ-Analyse wird festgestellt, welche Waren besonders wertvoll und welche weniger wertvoll sind.
6. Mit einer XYZ-Analyse werden die Rohstoffe hinsichtlich ihres Verbrauchsverlaufs klassifiziert.

3.02

Rechtzeitig zum Vorweihnachtsgeschäft sollen Schokoladennikoläuse in Übergröße auf den Markt gebracht werden. Die Rezeptur sieht für die Produktion von 200 kg Schokoladenmasse folgenden Rohstoffverbrauch vor:

Rohstoff	Verbrauchsmenge	Einstandspreis
A	50 kg	30,00 €/ 10 kg
B	85 kg	20,00 €/100 kg
C	40 kg	38,00 €/ 25 kg
D	25 kg	18,00 €/100 kg

Wie hoch ist der Materialeinsatz für einen 1 kg schweren Nikolaus in Euro? Runden Sie das Ergebnis auf zwei Stellen nach dem Komma.

3.03

In der Materialbeschaffung ist der Verbrauch von verschiedenen Zutaten mithilfe von Grafiken darge-stellt. Wie können die jeweiligen Verläufe der Kurven korrekt beschrieben werden?

Ordnen Sie zu, indem Sie die Kennziffern der Kurvenverläufe in die Kästchen unter den Verbrauchs-grafiken eintragen. Übertragen Sie anschließend Ihre senkrecht angeordneten Lösungsziffern in dieser Reihenfolge von links nach rechts in den Lösungsbogen.

Kurvenverläufe

1. gleichförmig

2. unregelmäßig

3. trendförmig

4. saisonal

Verbrauchsgrafiken

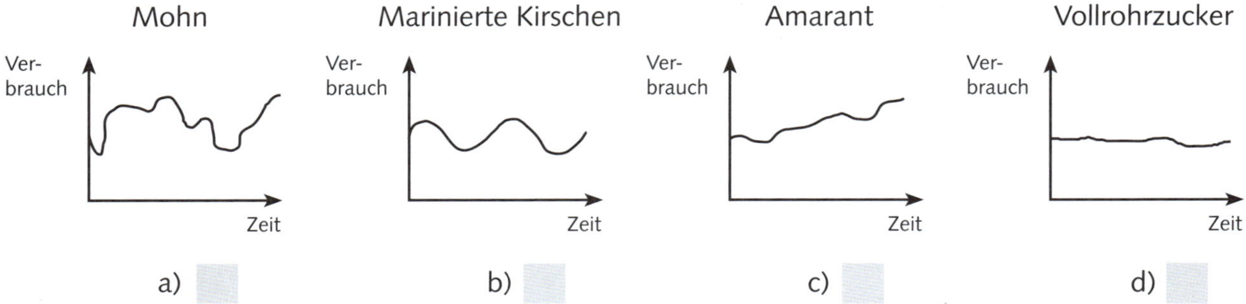

3.04

Ebenfalls zum Vorweihnachtsgeschäft soll die Produktion von Oblatengebäck verfünffacht werden. Rechtzeitig vor Produktionsbeginn müssen fertige Oblaten bestellt werden. Sie erhalten von Ihrem Lieferer, der Feinbäckerei Müller GmbH & Co. KG, ein Angebot über 350 Kartons Oblaten à 5 000 Stück zu 39,00 € je Karton. Der Lieferer gewährt einen Rabatt von 15 Prozent.

Liefer- und Zahlungsbedingungen:
Lieferung: ab Werk Fracht: 120,00 € Verpackung: 60,00 € pauschal
Zahlbar innerhalb von 10 Tagen mit 3 % Skonto oder 30 Tage netto

Wie hoch ist der Bezugspreis (netto) für das Angebot? Runden Sie bitte alle Ergebnisse – auch Zwischenergebnisse – auf zwei Stellen nach dem Komma.

3.05

Sie nehmen das Angebot der Müller GmbH & Co. KG (siehe Aufgabe 3.04) an und bestellen darüber hinaus noch 20 Kartons Waffeln zu 29,00 € je Karton. Die Liefer- und Zahlungsbedingungen bleiben die gleichen wie bei dem Angebot. Der Lieferung liegt die unten abgebildete Rechnung bei.

Ist die Rechnung rechnerisch korrekt?

1. Die Rechnung ist rechnerisch korrekt.

2. Die Rechnung ist rechnerisch nicht korrekt.

Feinbäckerei Müller

Tel.: 06221 77382-0
Fax: 06221 39342
office@feinbaeckereimueller.de
www.feinbaeckereimueller.de

Feinbäckerei Müller GmbH – Goethestraße 31 – 69120 Heidelberg

Süßland GmbH
Römerweg 12
69214 Eppelheim

Ihr Zeichen, Ihre Nachricht vom	Unser Zeichen	Heidelberg
ma 2011-08-23	mü	2011-09-04

RECHNUNG

Steuer-Nr. 470/1113/5550

Rechnungsnr. 325/25/280504

Auftragsnr: 335/25   Lieferdatum: 2011-09-04

Anzahl	Beschreibung	Menge/Einheit	Preis/Einheit	Gesamt
350	Oblaten Exquisit	Karton je 5 000 Stück	39,00 €	13.650,00 €
20	Waffelgebäck Extrafein	Karton je 1 000 Stück	29,00 €	580,00 €
			Zwischensumme:	14.230,00 €
			Rabatt 15 %:	2.134,50 €
			Fracht/Verpackung:	180,00 €
			Mehrwertsteuer (7 %):	1.158,12 €
			Gesamt:	17.702,62 €

Zahlbar innerhalb von 30 Tagen netto Kasse; innerhalb von 10 Tagen abzüglich 3 % Skonto.

Ausgangslage für die Aufgaben 3.06 bis 3.09

Ihr Ausbildungsbetrieb, die Fidela KG, verkauft Trikotware sowohl an Sportgeschäfte als auch im Direktvertrieb und über Fabrikverkauf. Die Trikotwaren werden aus Kostengründen von einem ausländischen Hersteller bezogen und in Ihrem Unternehmen weiterverarbeitet (gefärbt und bedruckt).

3.06

Es wird seitens der Geschäftsleitung ein besonderes Augenmerk auf die Kostensenkung gelegt. So vermutet die Geschäftsleitung bei Funktionswäsche Radsport zu hohe Lagerkosten. Sie soll möglicherweise aus dem Sortiment genommen werden. Vor einer Entscheidung sollen die wichtigsten Lagerkennzahlen ermittelt werden.

Sie erhalten die Aufgabe die wichtigsten Lagerkennzahlen zu berechnen. Dazu liegen Ihnen die folgenden Informationen vor:

Anfangsbestand:	1 138	Stück
12 Monatsbestände:	12 083	Stück
Bezugskosten:	20,10 € je	Stück
Warenabsatz pro Jahr:	5 085	Stück
Jahreszinssatz der Hausbank:	5,5 %	

a) Wie hoch ist der durchschnittliche monatliche Lagerbestand?

b) Wie hoch ist die Lagerumschlagshäufigkeit?

c) Wie hoch ist die durchschnittliche Lagerdauer?

d) Wie hoch ist der Lagerzinssatz?

3.07

Die Geschäftsleitung entscheidet die Funktionswäsche nicht aus dem Sortiment zu nehmen, sondern Maßnahmen zu ergreifen, um die Lagerumschlaghäufigkeit zu erhöhen. Sie schlagen verschiedene Maßnahmen vor.

Welche der nachfolgenden Maßnahmen ist **nicht** geeignet, die Lagerumschlaghäufigkeit zu erhöhen?

1. Die Fidelia KG vereinbart mit dem Hersteller der Funktionswäsche einen Kauf auf Abruf.

2. Sie verringert die Bezugsmenge und den Mindestbestand an Funktionswäsche.

3. Sie nutzt ein Sonderangebot ihres Herstellers von Funktionswäsche und kauft größere Mengen ein.

4. Sie erhöht den Werbeaufwand für Funktionswäsche.

5. Sie startet eine Sonderverkaufsaktion von Funktionswäsche.

3.08

Die Erhöhung der Lagerumschlaghäufigkeit hat wirtschaftliche Folgen.

Welche der nachfolgenden Feststellungen über die Folgen einer Erhöhung der Lagerumschlaghäufigkeit ist **falsch**?

Eine Erhöhung der Lagerumschlaghäufigkeit bewirkt ...

1. eine Verringerung der Kapitalbindung (Senkung der Lagerzinsen).
2. eine Erhöhung der Lagerkosten durch Warenpflege.
3. eine Risikominderung bei trendabhängigen Artikeln oder solchen, die einer raschen technischen Weiterentwicklung unterliegen.
4. eine Verringerung des Lagerbestandes.

3.09

Um die Lagerumschlaghäufigkeit der Funktionswäsche und Trikotagen zu erhöhen, setzt die Fidelia KG verstärkt auf die Gewährung von Rabatten und Zugaben.

In welchem der nachfolgenden Beispiele verstößt Ihr Ausbildungsbetrieb gegen das Gesetz gegen den unlauteren Wettbewerb (UWG)?

1. Sporthaus Büttner bezieht regelmäßig in größeren Mengen verschiedene Trikotagen. Auf die letzte Rechnung wird ein Nachlass von zehn Prozent gewährt.
2. Beim Fabrikverkauf wird einer Kundin beim Kauf eines hochwertigen Jogginganzugs ein Paar Sportsocken dazugegeben.
3. Die Fidelia KG wirbt in einem Radsportfachmagazin für Funktionswäsche „Made in Germany".
4. Der Trainer eines Fußballvereins bezahlt die bestellten Trikots in bar und erhält drei Prozent Preisnachlass.

Ausgangslage für die Aufgaben 3.10 bis 3.15

Ihr Ausbildungsbetrieb, ein Hersteller von Fußbällen für den Freizeitbedarf, plant die jährliche Produktionsmenge von derzeit 40 000 Stück auf 50 000 Stück zu erhöhen. Die maximale Produktionskapazität des Betriebes liegt bei jährlich 60 000 Stück.

Bevor eine Entscheidung getroffen werden kann, sollen Sie verschiedene Kostenfaktoren berechnen. Dazu liegen Ihnen die folgenden Informationen vor: Unabhängig von der Produktionsmenge liegen die Kosten für die Betriebsmittel bei jährlich 400.000,00 €. Für die Herstellung eines Fußballs fallen Material- und Lohnkosten in Höhe von 9,50 € an. Der Verkaufspreis eines Fußballs liegt bei 29,80 €.

3.10

Die Ihnen vorliegenden Daten enthalten Angaben über diverse Kosten.

Worum handelt es sich bei dem Betrag von 400.000,00 €?

1. Variable Kosten
2. Fixkosten
3. Einzelkosten
4. Gemeinkosten

3.11

Wie hoch sind die Herstellkosten eines Fußballs

a) bei einer Produktionsmenge von 40 000 Stück?

b) bei einer Produktionsmenge von 50 000 Stück?

Berechnen Sie mithilfe der Divisionskalkulation.

3.12

Wie hoch ist die Wirtschaftlichkeit in Prozent

a) bei einer Produktionsmenge von 40 000 Stück?

b) bei einer Produktionsmenge von 50 000 Stück?

Runden Sie alle Ergebnisse auf zwei Stellen nach dem Komma.

3.13

Wie hoch ist der Beschäftigungsgrad

a) bei einer Produktionsmenge von 40 000 Stück?

b) bei einer Produktionsmenge von 50 000 Stück?

Runden Sie die Ergebnisse auf zwei Stellen nach dem Komma.

3.14

Der Deckungsbeitrag liegt bei einer Produktionsmenge von 40 000 Stück bei 812.000,00 €.

Wie hoch ist er bei einer Produktionsmenge von 50 000 Stück?

3.15

Aus dem Ergebnis der Deckungsbeitragsrechnung ziehen Sie Rückschlüsse.

Welche **2** Ihrer Rückschlüsse sind richtig?

1. Die Produktionsmenge von 50 000 Stück ist wirtschaftlicher als die Produktionsmenge von 40 000 Stück.

2. Bei einer Produktionsmenge von 50 000 Stück wird ein um 203.000,00 € höherer Deckungsbeitrag erwirtschaftet als bei einer Produktionsmenge von 40 000 Stück. Dieser Betrag lässt aber keine Rückschlüsse darüber zu, um wie viel Euro der Gewinn höher ist.

3. Der Gewinn, der bei den jeweiligen Produktionsmengen erwirtschaftet wird, ergibt sich aus der Differenz zwischen Deckungsbeitrag und fixen Kosten.

4. Der Betrieb arbeitet bei einer Produktionsmenge von 50 000 Stück wirtschaftlich und bei einer Produktionsmenge von 40 000 Stück unwirtschaftlich.

5. Der Deckungsbeitrag enthält keine Informationen über die Wirtschaftlichkeit der Produktion von Fußbällen.

Ausgangslage für die Aufgaben 3.16 bis 3.19

Ihr Ausbildungsbetrieb, ein Unternehmen, das Maschinenbauteile fertigt, hat ein Gewindeteil, das bei der Produktion häufig gebraucht wird, bislang selbst gefertigt.

Aufgrund gestiegener Produktions- und Lagerkosten soll nun entschieden werden, ob es sich weiterhin lohnt das Gewindeteil selbst zu produzieren oder ob es günstiger ist, es fremd zu beziehen. Sie sollen die wichtigsten Kostenfaktoren auf der Grundlage der nachfolgenden Daten ermitteln.

Anschaffungskosten Maschinen:	400.000,00 €
Nutzungsdauer:	10 Jahre
Wiederbeschaffungskosten:	600.000,00 €
Kalkulationszinsfuß:	10 %
Jährliche sonstige Fixkosten:	80.000,00 €
Variable Kosten/Stück:	12,00 €
Bezugskosten für fremdbezogene Gewindeteile/Stück:	13,00 €
Jahresbedarf Gewindeteile	90 000

3.16

Wie hoch sind die Gesamtkosten der Eigenfertigung?

3.17

Wie hoch ist die Kostendifferenz zwischen Fremdbezug und Eigenfertigung?

3.18

Ihr Ausbildungsbetrieb entscheidet sich für die Eigenfertigung der Gewindeteile. Um die Eigenfertigung kostengünstiger zu gestalten, soll eine der Maschinen durch eine Anlage ersetzt werden, die technisch auf dem aktuellen Stand ist. Auf Ihre Anfragen erhalten Sie zwei Angebote von Unternehmen. Sie vergleichen die Angebote der nachfolgenden beiden Maschinen:

	Constata 742	Multiflex 694
Fixe Kosten/Jahr (€)	260.000	190.000
Variable Kosten/Stück (€)	5,00	6,20
Maximalkapazität (Stück)	100 000	120 000

Wie hoch sind die Kosten einer Jahresproduktion von 90 000 Stück

a) bei der Constata 742?

b) bei der Multiflex 694?

3.19

Um wie viel Prozent höher ist bei einer Jahresproduktion von 90 000 Stück der Beschäftigungsgrad der Constata 742 mit einer Maximalkapazität von 100 000 Stück verglichen mit der Multiflex 694 mit einer Maximalkapazität von 120 000 Stück?

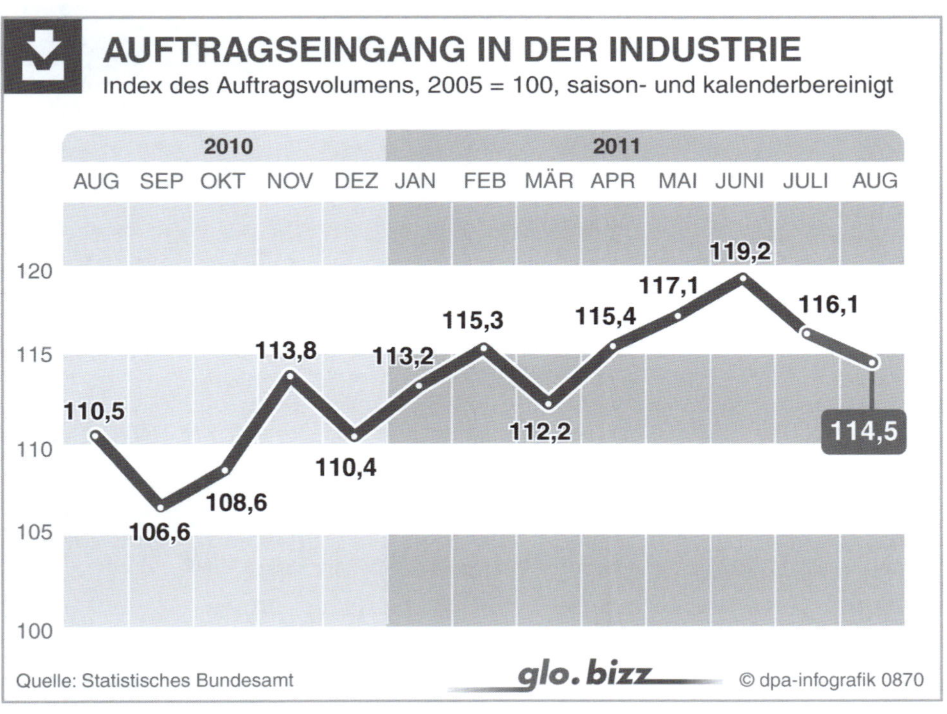

Ausgangslage für die Aufgaben 3.20 bis 3.22

Ihr Ausbildungsbetrieb möchte im September 2011 an einer Fachmesse in Nürnberg teilnehmen.
Sie melden Ihre Unternehmung im Januar bei der Messeorganisation an und erhalten kurz darauf
die unten stehende Rechnung für die Standfläche.

Über die in der Rechnung genannten Kosten hinaus fallen die folgenden Kosten an:

– Hotelkosten Standpersonal (Preis je Einzelzimmer pro Nacht) 60,00 €
  Hotelkosten entstehen für 2 Mitarbeiter des Unternehmens, nicht für die Aufbauhilfen.
– Gesamte Personalkosten: 2 Mitarbeiter und 2 Aufbauhilfen 1.621,50 €
– Mietgebühr Miet-Ausstellungsstand „Hit" inkl. abschließbarer Drehtür (pro Tag): 650,00 €
– Kosten für die Hin- und Rückfahrt des Standpersonals: 359,00 €/Person
– Transport der Ausstellungsstücke inkl. Versicherung: 2.350,00 €
Alle Preise inkl. USt.

Die Messe geht über drei Tage. Das Standpersonal besteht aus zwei Personen. Diese sollen für drei
Nächte in einem Hotel untergebracht werden. Jeder der Mitarbeiter bewohnt ein Einzelzimmer.
Die Aufbauhilfen werden am Messeort vom Veranstalter gestellt.

Fon: 0911 479382-11
Fax: 0911 479382-31
info@messemanagementgmbh.com
www.messemanagementgmbh.com

mm – messemangement GmbH – Goetheplatz 3 – 90403 Nürnberg

Doppelmann KG
Herr Tim Nelkental
Helene-Lange-Straße 24
69123 Frankfurt/Main

Steuer-Nr. 100/3389/1103

Nürnberg, den 18. Januar 2011

Rechnung für Ihren Messestand auf der Future Management 2011; Stand-Nr. 040/ 234/ 9890
Rechnungsnr. 1073 FZT

Gemäß Ihrer Anmeldung vom 11. Januar 2011 stellen wir Ihnen für Ihren Messestand auf der Future
Management 2011, 15.- 17. September 2011, Messegelände Nürnberg, Halle 3.1, in Rechnung:

20 qm Hallenstandfläche (50 €/qm/Tag)	3.000,00 €
1 Anmeldegebühr inkl. Kataloggrundeintrag mit Logo	390,00 €
Gesamtbetrag netto:	3.390,00 €
zzgl. 19 % USt.	644,10 €
Gesamtbetrag brutto:	4.034,10 €
50 % Anzahlung sofort fällig:	2.017,05 €
zzgl. 19 % USt.	383,24 €
Anzahlung gesamt	**2.400,29 €**

3.20

Die Anzahlung laut Rechnung wurde noch nicht überwiesen. Die Marketing-Abteilung der Doppelmann KG konnte nun die Geschäftsführung von einem neuen Ausstellungskonzept überzeugen, bei dem die gleiche Menge an Waren großzügiger – und damit ansprechender – auf einer größeren Ausstellungsfläche präsentiert werden soll. Die Kosten für Personal, Transport und Versicherung bleiben unverändert.

Statt der gebuchten Standfläche von 20 m² wird nun eine Standfläche von 25 m² benötigt. Die Messeorganisatoren sind bereit, Ihnen kurzfristig eine Standfläche von 25 m² unter der Voraussetzung zu reservieren, dass die Anzahlung sofort überwiesen wird.

Welcher Betrag (einschließlich der USt.) muss als Anzahlung unter Berücksichtigung einer Standfläche von 25 m² überwiesen werden?

3.21

Die dreitägige Messe in Nürnberg war nicht sehr gut besucht. Die Geschäftsleitung soll entscheiden, ob sich eine weitere jährliche Teilnahme rechnet oder ob es günstiger ist, an einer eintägigen Messe, die jährlich in Frankfurt stattfindet, teilzunehmen.

Um die Kosten miteinander vergleichen zu können, erhalten Sie die Aufgabe, die **variablen Kosten,** die auf einen Messetag in Nürnberg entfallen sind, mithilfe der nachfolgenden Kostenaufstellung auszurechnen. (Die Kosten (brutto) für 25 m² Hallenstandfläche liegen Ihnen bereits vor).

Kosten Messe Nürnberg 2011 für drei Tage (vom 15.-17. September 2011)	in Euro
– 25 m² Hallenstandfläche:	4.462,50
– Hotelkosten Standpersonal (2 Personen):	....
– Personalkosten Standpersonal und Aufbauhilfen (je 2 Personen):	....
– Mietgebühr Ausstellungsstand „Hit":	....
– Anmeldegebühr und Katalogeintrag:	....
– Fahrtkosten Personal (2 Personen):	....
– Transportkosten Ausstellungsstücke inkl. Versicherung:	....
Gesamt	

Wie hoch sind die variablen Kosten für einen Tag Teilnahme an der Messe in Nürnberg? Gehen Sie von den Brutto-Beträgen aus und runden Sie Ergebnisse auf zwei Stellen nach dem Komma!

3.22

Die variablen Kosten einer eintägigen Messe in Frankfurt (Main) liegen brutto bei 2.238.40 €.

Wie viel Prozent liegen die variablen Kosten für einen Messetag in Frankfurt unter denen eines Messetages in Nürnberg (vgl. Lösung 3.21)? Runden Sie das Ergebnis auf ganze Prozent.

Ausgangslage für die Aufgaben 3.23 bis 3.27

Sie sind in Ihrem Ausbildungsbetrieb, der Druckmaschinenbau Waldmann GmbH, in die Kosten- und Leistungsrechnung eingearbeitet worden. Nun sollen Sie verschiedene Kostenrechnungen durchführen.

3.23

Sie werden in die verschiedenen Stufen der Kostenrechnung eingearbeitet. Unterscheiden Sie Kostenartenrechnung, Kostenstellenrechnung und Kostenträgerrechnung voneinander!

Ordnen Sie zu, indem Sie die Kennziffern der passenden 3 Rechnungsarten in die Kästchen neben den 3 Beschreibungen eintragen. Übertragen Sie anschließend Ihre senkrecht angeordneten Lösungsziffern in dieser Reihenfolge von links nach rechts in den Lösungsbogen.

Kostenarten

1. Kostenstellenrechnung

2. Kostenartenrechnung

3. Kostenträgerrechnung

Beschreibungen

a) Die .... gibt Aufschluss darüber, welche Kosten im Betrieb anfallen.

b) Die .... zeigt auf, wo die Kosten im Betrieb entstanden sind.

c) Die .... zeigt auf, wofür die Kosten entstanden sind.

3.24

Für das laufende Jahr wird mit einem Absatzrückgang der neu entwickelten Druckmaschine „Simplex C 400" gerechnet. Der Durchschnittspreis (p) einer Druckmaschine liegt bei 440.000,00 €. Die variablen Kosten (kv) je Stück liegen bei 340.000,00 €; die fixen Kosten (Kf) betragen insgesamt 8 Mio. €.

Wie viel Stück müssen verkauft werden, um die Gewinnschwelle (Break-Even-Point) zu erreichen?

3.25

Die Vertriebsabteilung der Druckmaschinenbau Waldmann GmbH erhält von der Druckerei Meisner GmbH eine Anfrage über ein Angebot für eine spezielle Druckmaschine. Sie sollen auf der Grundlage der folgenden Kalkulationsdaten mithilfe der Vorwärtskalkulation den Angebotspreis ermitteln.

Kalkulationsdaten Druckmaschine JXP:

Fertigungsmaterial:	6.500,00 €
Fertigungslöhne:	5.200,00 €
Sondereinzelkosten der Fertigung:	780,00 €
Sondereinzelkosten des Vertriebs:	96,00 €
Materialgemeinkostenzuschlag:	20 %
Fertigungsgemeinkostenzuschlag:	110 %
Vertriebsgemeinkostenzuschlag:	5 %
Verwaltungsgemeinkostenzuschlag:	25 %
Gewinnzuschlag:	15 %
Skonto:	3 %
Rabatt:	10 %
Umsatzsteuer	19 %

Wie hoch ist der Angebotspreis? Runden Sie alle Ergebnisse auf zwei Stellen nach dem Komma!

3.26

Im Geschäftsjahr 2010 konnte der Wert des Lagerbestandes durch Kosteneinsparung auf 272.240,00 € gesenkt werden. Der Wert der Lagerbestände im Geschäftsjahr 2009 lag bei 328.000,00 €.

Wie die Jahresinventur ergeben hat, stieg der Wert der Lagerbestände im Geschäftsjahr 2011 um 7 Prozent verglichen mit dem vorangegangenen Geschäftsjahr.

a) Um wie viel Prozent konnte der Wert des Lagerbestandes im Geschäftsjahr 2010 verglichen mit dem Geschäftsjahr 2009 gesenkt werden?

b) Wie hoch war der Wert des Lagerbestandes im Geschäftsjahr 2011?

3.27

Ihr Vorgesetzter legt Ihnen die nachfolgende Ergebnistabelle der Druckmaschinenbau Waldmann GmbH vor. Sie sollen sie auswerten.

a) Berechnen Sie das Betriebsergebnis in Tausend Euro (T€)!

b) Berechnen Sie das Gesamtergebnis in Tausend Euro (T€)!

c) Welcher der Beträge bildet die Basis (100 %) für die Materialgemeinkosten?

   1. 13.200 T€

   2. 89.100 T€

   3. 185.295 T€

			Rechnungskreis I			Rechnungskreis II					
			Erfolgsbereich			Abgrenzungsbereich				Kosten- und Leistungsbereich	
			Geschäftsbuchführung / Klassen 5, 6, 7			Unternehmesbezogene Abgrenzungen (beriebsfremd) Gruppe 90		Kosten- und leistungsrechnerische Korrekturen (außerordentliche betriebsbezogene, Verrechnungskorrekturen, sonstige Abgrenzungen) Gruppe 91		Kosten- und Leistungsarten Gruppe 92	
Zeile Nr.	Konto Nr.	Kontobezeichnung	Aufwendungen in Tausend €	Erträge in Tausend €	Aufwendungen in Tausend €	Erträge in Tausend €	Aufwendungen in Tausend €	Erträge in Tausend €	Kosten in Tausend €	Leistungen in Tausend €
1	500	Umsatzerlöse für eigene Erzeugnisse		148.500						148.500
2	510	Umsatzerlöse für Waren		41.910						41.910
3	520	Bestandsveränderungen		1.650						1.650
4	571	Zinserträge		825		825				
5	600	Aufwendungen für Rohstoffe/Fertigungsmaterial	89.100						89.100	
6	602	Aufwendungen für Hilfsstoffe	13.200						13.200	
7	620	Löhne für geleistete Arbeitszeit/Fertigungslöhne	26.400						26.400	
8	630	Gehälter	14.850						14.850	
9	652	Abschreibungen auf Sachanlagen	26.400				26.400			
10	670	Miete, Pachten	495						495	
11	680	Büromaterial	9.900						9.900	
12	693	Verluste aus Schadensfällen	2.640				2.640			
13	751	Zinsaufwendungen	2.310		2.310					
14		**Kalkulatorische Kosten** Abschreibungen						33.000	33.000	
15		Zinsen						3.960	3.960	
16		Wagnisse						2.640	2.640	
17		Summen	185.295	192.885	2.310	825	29.040	39.600	193.545	192.060
18		Salden								
19		Ergebnis	Gesamtergebnis		Ergebnis aus unternehmensbezogenen Abgrenzungen		Ergebnis aus kosten- und leistungsrechnerischen Korrekturen		Betriebsergebnis	

Ausgangslage für die Aufgaben 3.28 bis 3.32

Sie sind Auszubildender bei der Brettspielhersteller Klein GmbH. Ihr Ausbildungsbetrieb verfügt über ein eigenes Produktionsprogramm. Daneben werden aber auch Fremdaufträge angenommen.

3.28

Ihr Ausbildungsbetrieb verkaufte im vergangenen Geschäftsjahr die folgenden Brettspiele aus dem eigenen Produktionsprogramm:

Brettspiel Bestell-Nr.	Verkaufte Einheiten in Stück	Preis je Einheit in €	Variable Kosten je Produkt in €
22.3	15 000	29,00 €	70.000,00
43.1	12 580	48,80 €	150.000,00
67.3	40 128	35,90 €	98.000,00
81.4	10 221	70,70 €	180.000,00
93.2	5 068	10,80 €	40.000,00

Die fixen Kosten für das eigene Produktionsprogramm des Unternehmens betrugen im vergangenen Geschäftsjahr 625.120,00 €.

Wie hoch war der Erfolg der Klein GmbH im vergangenen Geschäftsjahr?

3.29

Zum Weihnachtsgeschäft soll ein neues Brettspiel mit der Bestell-Nr. 33.5 auf den Markt gebracht werden. Die variablen Kosten für die Produktion des Spiels betragen 29.000,00 €. Der Brutto-Deckungsbeitrag liegt bei 4.800,00 €. Die Auflagenhöhe liegt bei 1 000 Stück.

Die Marketing-Abteilung möchte das Spiel im Verlagsprogramm bewerben. Dazu benötigt sie den Angebotspreis.

Wie hoch ist der Angebotspreis für das Spiel?

3.30

Der Müller-Verlag plant die Herausgabe eines Brettspiels in einer größeren Auflage. Der Verlag liefert dabei die Vorlagen und die Inhalte, die technische Umsetzung und Produktion soll durch einen Brettspielhersteller erfolgen.

Aufgrund langjähriger guter Geschäftsbeziehungen möchte der Müller-Verlag das Brettspiel gerne von der Klein GmbH produzieren lassen, vorausgesetzt das Preislimit von netto 18.000,00 € wird nicht überschritten. Der Auftrag soll nur angenommen werden, wenn mindestens 15 Prozent Gewinn zu erwarten sind. Sie sollen auf der Grundlage der nachfolgenden Daten und mithilfe der Rückwärtskalkulation ermitteln, ob sich der Auftrag unter diesen Voraussetzungen für die Klein GmbH rechnet.

<table>
<tr><td colspan="2">Kalkulationsdaten Spiel Müller-Verlag:</td></tr>
<tr><td>Verbrauch Fertigungsmaterial:</td><td>6.500,00 €</td></tr>
<tr><td>Fertigungslöhne:</td><td>1.200,00 €</td></tr>
<tr><td>Sondereinzelkosten der Fertigung:</td><td>250,00 €</td></tr>
<tr><td>Sondereinzelkosten des Vertriebs:</td><td>90,00 €</td></tr>
<tr><td>Materialgemeinkostenzuschlag:</td><td>12 %</td></tr>
<tr><td>Fertigungsgemeinkostenzuschlag:</td><td>180 %</td></tr>
<tr><td>Verwaltungs- und Vertriebsgemeinkostenzuschlag:</td><td>15 %</td></tr>
<tr><td>Skonto:</td><td>2 %</td></tr>
<tr><td>Rabatt:</td><td>15 %</td></tr>
</table>

Soll der Auftrag angenommen werden?

1. Ja, der Auftrag soll angenommen werden, weil ein Gewinn von mindestens 15 Prozent zu realisieren ist.

2. Nein, der Auftrag soll nicht angenommen werden, da der Gewinn unter 15 Prozent liegen wird.

3.31

Bei voller Auslastung ihrer normalen Kapazität können an den Stanzmaschinen 10 000 Spielkarten täglich gestanzt werden. Der derzeitige Beschäftigungsgrad liegt bei 80 Prozent.

Berechnen Sie, um bis zu wie viel Prozent die Ausbringungsmenge gesteigert werden kann!

3.32

Welche der nachfolgenden Kosten gehören zu den variablen Kosten?

1. Die Wartungspauschale für die Druckmaschinen

2. Die Leasingkosten einer Schneidemaschine

3. Die Miete für eine Lagerhalle

4. Die jährlichen Kosten für die Fortbildung von Mitarbeitern der Produktion und des Betriebsrats

5. Kosten für Kfz-Reparaturen im eigenen Fuhrpark

4 Bereichsübergreifende Inhalte

- Der Ausbildungsbetrieb
- Geschäftsprozesse und Märkte
- Information, Kommunikation, Arbeitsorganisation
- Integrative Unternehmensprozesse
- Personal

Ausgangslage für die Aufgaben 4.01 bis 4.03

In Ihrem Ausbildungsbetrieb sollen die Büroarbeitsplätze in Kürze nach modernen ergonomischen Gesichtspunkten neu gestaltet werden. Zuvor werden die Maßnahmen mit einem Arbeitsschutzbeauftragten, der im Rahmen einer Routinekontrolle die Arbeitsplätze begutachtet, besprochen.

4.01

Ihr Vorgesetzter erläutert dem Arbeitsschutzbeauftragten, der die Büroarbeitsplätze begutachtet, geplante Änderungen im Bürobereich.

Welche **3** der nachfolgend genannten Veränderungen sind im Sinne der Ergonomie und der Arbeitssicherheit sinnvoll?

1. Das Großraumbüro wird zugunsten kleinerer Arbeitsräume aufgelöst.
2. Jeder Büroarbeitsplatz erhält neigungsverstellbare Fußstützen.
3. Die PC-Arbeitsplätze werden so eingerichtet, dass jeder Bildschirm Richtung Fenster zeigt, der daran Arbeitende also mit dem Rücken zum Fenster sitzt.
4. Die neuen Schreibtische sind mit versenkbaren Steckerleisten ausgestattet.
5. Es werden massive Schreibtische für die mittlere normierte Körpergröße ausgewählt.
6. Regale werden Platz sparend bis unter die Zimmerdecke angelegt.
7. Der Bürobereich wird ohne Zwischentür direkt neben die Fräserei verlagert.

4.02

Ihnen wurde ein eigener Bildschirmarbeitsplatz zugewiesen. Einiges daran entspricht Ihrer Meinung nach nicht den Kriterien einer ergonomischen Arbeitsplatzgestaltung. Sie sprechen Ihren Vorgesetzten darauf an.

Welcher der nachfolgenden Punkte Ihrer Kritik ist berechtigt?

1. Direkt über Ihrem Schreibtisch befindet sich eine Deckenleuchte.
2. Ihr Schreibtisch trägt ein GS-Zeichen.
3. Ihr Bildschirm ist mit einem Standfuß ausgestattet.
4. Die Ordner befinden sich am anderen Ende des Raumes.
5. Die Rückenlehne Ihres Arbeitsstuhles ist nicht arretiert.
6. Die Heizung Ihres Büros ist mit einem Luftbefeuchter ausgestattet.

4.03

Der Geschäftsführer informiert die Belegschaft bei der nächsten Betriebsversammlung über Arbeitsschutz und Arbeitssicherheit im Betrieb.

Welche **3** seiner Feststellungen sind **falsch**?

1. „Eine defekte Steckdose darf keinesfalls vom Auszubildenden zum Industriekaufmann ausgetauscht werden."

2. „Als Arbeitnehmer sind Sie verpflichtet, sich regelmäßig selbst über die Einhaltung von Sicherheit und Gesundheitsschutz an Ihrem Arbeitsplatz zu informieren."

3. „Ein Stehpult widerspricht den ergonomischen Grundsätzen. Die Bitte um Anschaffung von Stehpulten als Ergänzung der Büroarbeitsplätzen wird deshalb abgelehnt."

4. „Die Frachtbriefe werden in unserem Betrieb auf klassischen Schreibmaschinen mit einem Display geschrieben. Bei diesen Schreibmaschinen findet die Bildschirmarbeitsplatzverordnung (BildschArbV), über die der Arbeitsschutzbeauftragte gesprochen hat, keine Anwendung."

5. „Die Verantwortung für die Kontrolle der Durchführung, Wirkung und Erhaltung von Arbeitssicherheit und Arbeitsschutz liegt bei der Berufsgenossenschaft und nicht bei mir."

Bei einem Schallpegel ab 85 dB(A) muss persönlicher Gehörschutz zur Verfügung gestellt werden. Einen genauen Überblick über die Schallpegel an den Arbeitsplätzen sollte man sich mit einer Schallmessung verschaffen. Gleichzeitig muss das Gehör der Beschäftigten regelmäßig (alle drei Jahre) untersucht werden.

Zur Verminderung von Lärmbelastungen sind technische Maßnahmen (Schallschutz an den Maschinen, raumakustische Maßnahmen) grundsätzlich vorzuziehen. Erst in zweiter Linie sind persönliche Schutzmaßnahmen, das Tragen von Gehörschutz, anzuwenden.

Ausgangslage für die Aufgaben 4.04 bis 4.08

Ihr Ausbildungsbetrieb stellt Filter für Kaffeemaschinen her. Er hat einen Personalbestand von 42 Personen, die im Bürobereich oder in der Produktion beschäftigt sind. Eine Kollegin, Frau Sommer, wird unter Mitwirkung des Betriebsrates von ihrem Vorgesetzten zur Sicherheitsbeauftragten bestellt.

4.04

Der neue Auszubildende möchte von Frau Sommer wissen, wozu der Ausbildungsbetrieb eine Sicherheitsbeauftragte braucht und worin die Aufgaben von Frau Sommer nun liegen werden.

Welche ihrer nachfolgenden Antworten ist **falsch**?

1. „Da unser Unternehmen mehr als 20 Mitarbeiter hat, ist die Bestellung eines Sicherheitsbeauftragten Pflicht."
2. „Als Sicherheitsbeauftragte habe ich den Arbeitgeber bei der Gewährleistung der Arbeitssicherheit zu unterstützen und mich regelmäßig davon zu überzeugen, dass die vorgeschriebenen Schutzvorrichtungen vorhanden sind und ordnungsgemäß benutzt werden."
3. „Da diese Funktion eine große Verantwortung mit sich bringt, ist es sinnvoll, Meister, leitende Angestellte und andere betriebliche Vorgesetzte als Sicherheitsbeauftragte zu bestellen."
4. „Bei einem Sicherheitsbeauftragten sind Fachkenntnisse über Arbeitssicherheit von Vorteil. Aufgrund meiner Weiterbildung im Bereich Arbeitssicherheit bin ich für diese Position bestens geeignet."
5. „Als Sicherheitsbeauftragte habe ich keine Weisungsbefugnis. Weisungsbefugt ist nur der Arbeitgeber."

4.05

Die erste Aufgabe der neuen Sicherheitsbeauftragten besteht darin, Sicherheitsmängel ausfindig zu machen. Bei der Begutachtung der Büroarbeitsplätze und der Läger sollen Sie Frau Sommer unterstützen. Sie nennen einige Mängel, die Ihnen bereits aufgefallen sind.

Bei welchem der nachfolgenden Mängel handelt es sich **nicht** um einen Mangel der Arbeitssicherheit?

1. Um möglichst das gesamte Warensortiment Ihres Ausbildungsbetriebes präsentieren zu können, sind im Eingangsbereich zahlreiche großräumige Vitrinen im Raum verteilt. Optisch wenig ansprechende Seiteneingänge werden durch voluminöse Pflanzenarrangements verdeckt.
2. Der Führungsstil Ihres Vorgesetzten ist autoritär und vergiftet die Atmosphäre.
3. Die Steckerleisten, an denen weitere Steckerleisten mit Verlängerungskabeln angeschlossen sind, sind offen und leicht zugänglich im Raum verteilt.
4. Im Bürobereich ist das Rauchen generell nicht gestattet; toleriert wird das Rauchen aber in einer Raucherecke im Produktionsbereich.
5. Im Lager sind die schwersten Ersatzteile in den oberen Regalbereichen gestapelt.
6. Über Unebenheiten im Fußboden und kleinere Absätze wurde Teppichboden gelegt.

4.06

Sie erhalten von Frau Sommer die Aufgabe, im Betrieb zu überprüfen, ob die Erste-Hilfe-Einrichtungen den gesetzlichen Bestimmungen genügen und ob vorbeugende Brandschutzmaßnahmen getroffen sind.

Welche **3** der nachfolgenden Einrichtungen sind im Sinne der gesetzlichen Verordnungen zur Ersten Hilfe richtig bzw. ausreichend?

1. Ihr Betrieb verfügt über zwei Ersthelfer.
2. Im Auftrag des Arbeitgebers hat Frau Sommer einen Flucht- und Rettungsplan ausgearbeitet. Dieser ist im Computer von Frau Sommer abgespeichert und kann bei Bedarf jedem einsichtig gemacht werden.
3. Sowohl in der Werkstatt als auch im Büro befindet sich jeweils ein Verbandkasten.
4. Die Verbandkästen enthalten Verbandsmittel und Medikamente.
5. Ein weißer Pfeil auf rotem Hintergrund zeigt an, wo die Verbandkästen hängen.
6. Eine Anleitung zur Ersten Hilfe bei Unfällen hängt gut sichtbar aus.

4.07

Um die Funktionstüchtigkeit des Brandschutzes zu überprüfen, soll In Ihrem Ausbildungsbetrieb der Brandfall durch einen Probealarm simuliert werden. Die Belegschaft wird aufgefordert, der Beschilderung „Notausgang" zu folgen, sobald die Sirene ertönt.

An welchem der nachfolgenden Zeichen orientieren Sie sich?

1.   2.   3.

4.   5.   6.

4.08

Bei einer Informationsveranstaltung des Kaffeemaschinenherstellers Coffeecup GmbH hat Herr Meisner für die Vertriebsabteilung eine der Vorführkaffeemaschinen als Werbegeschenk erhalten. Da keine Gebrauchsanweisung mitgeliefert wurde, versucht er, die komplizierte Maschine ohne Anleitung zu benutzen. Dabei verbrüht er sich mit heißem Wasserdampf die Hand. Frau Sommer soll nun die Rechtslage prüfen.

Wie ist die Rechtslage?

1. Da Herr Meisner die Kaffeemaschine ohne Gebrauchsanweisung in Betrieb genommen hat, haftet der Hersteller nicht. Herr Meisner hätte die Coffeecup GmbH vor der ersten Inbetriebnahme um eine Übersendung der Gebrauchsanweisung bitten müssen.
2. Als Vorführmodell war die Kaffeemaschine gebraucht. Die Coffeecup GmbH braucht also nur für Sachmängel am Gerät zu haften, nicht aber für die unsachgemäße Inbetriebnahme der Maschine.
3. Da es sich um ein Werbegeschenk handelt, kann die Coffeecup GmbH als Hersteller nicht haftbar gemacht werden.
4. Die Coffeecup GmbH kann haftbar gemacht werden, da sie sicherstellen muss, dass jedes Gerät, das sie verkauft oder überlässt, eine Gebrauchsanweisung enthält.

Ausgangslage für die Aufgaben 4.09 bis 4.11

In Ihrem Ausbildungsbetrieb, dem Papierhersteller Papirette GmbH, soll verstärkt auf umweltgerechtes und Energie sparendes Verhalten geachtet werden. Deshalb wurde der Verantwortungsbereich von Frau Stratlinger, die bislang für Personal und Sicherheit zuständig war, nun auch auf den Umweltschutz ausgeweitet.

4.09

Einige Mitarbeiter richten ihre Anliegen und Fragen an Frau Stratlinger. Sie muss nun entscheiden, welche Institution für den jeweiligen Fall zuständig ist.

Ordnen Sie zu, indem Sie die Kennziffern der Zuständigkeiten in die Kästchen neben den Fällen eintragen. Übertragen Sie anschließend Ihre senkrecht angeordneten Lösungsziffern in dieser Reihenfolge von links nach rechts in den Lösungsbogen.

Zuständigkeiten

1. Berufsgenossenschaft
2. Gewerbeaufsichtsamt

Fälle

a) Der Produktionsleiter möchte wissen, wie diverse Problemabfälle, die mit der Inbetriebnahme einer neuen Maschine künftig anfallen werden, korrekt entsorgt werden.

b) Ein Kollege, der zum Sicherheitsbeauftragten bestellt wurde, bittet Frau Stratlinger ihn zu einer Schulung über „Arbeitssicherheit und Unfallverhütung im Betrieb" anzumelden.

c) Frau Stratlinger soll für einen Mitarbeiter, der einen Arbeitsunfall erlitten hat, die Kostenübernahme einer Rehabilitationsmaßnahme beantragen.

d) Der neue Facharbeiter hat Fragen zur Gerätesicherheit in der Produktion.

4.10

Zwar sollen künftig Umweltschutz und Energieeinsparung im betrieblichen Handeln eine größere Rolle spielen. Andererseits hat aber die Geschäftsleitung bei der letzten Teamsitzung hervorgehoben, dass jede Maßnahme in diesem Zusammenhang auch ökonomisch sinnvoll sein soll.

Welche der nachfolgenden Maßnahmen ist ökonomisch **nicht** vertretbar?

1. Der Produktmanager der Papirette GmbH schlägt vor, chlorfrei gebleichtes Papier (tcf-Papier), das vor allem von großen Druckereien bestellt wird, aus Umweltschutzgründen aus dem Sortiment zu nehmen.
2. Die Beleuchtung wird vollständig auf Energiesparlampen umgestellt.
3. Einseitig bedrucktes Papier soll künftig nicht weggeworfen, sondern die Rückseite als „Schmierpapier" für Probeausdrucke ein weiteres Mal verwendet werden.
4. Der Einkauf der Papirette GmbH stimmt, sofern dies möglich ist, seine Rohstofflieferungen mit dem nahe gelegenen Tochterunternehmen ab.
5. Es wird beim Einkauf eines neuen Tintenstrahl-Druckers darauf geachtet, dass wieder nachfüllbare Druckpatronen verwendet werden können.

4.11

Die Papirette GmbH muss sich beim Umgang mit Verpackungsmaterialien an die „Verordnung über die Vermeidung und Verwertung von Verpackungsabfällen" (VerpackV) halten.

Welche der nachfolgenden Konsequenzen der VerpackV für Ihren Ausbildungsbetrieb ist richtig?

1. Die Papirette GmbH ist verpflichtet, Transportverpackungen von ihren Kunden wieder zurückzunehmen.
2. Verkaufsverpackungen aus Papier, Pappe und Folie werden dem Restmüll zugeführt, da sie grundsätzlich nicht recycelbar sind.
3. Ihr Ausbildungsbetrieb hat den Anteil an Einwegverpackungen erhöht, da diese die Umwelt weniger belasten als Mehrwegverpackungen.
4. Die Papirette GmbH bezieht nur noch Transportverpackungen mit aufgedrucktem „grünen Punkt", da dieser auf die umweltgerechte Produktion des Inhalts hinweist.

Ausgangslage für die Aufgaben 4.12 bis 4.16

Ihr Ausbildungsbetrieb, die Super Clean GmbH, ist ein in München ansässiges mittelständisches Dienstleistungsunternehmen, das sich auf professionelle Fensterreinigung an Großimmobilien spezialisiert hat.

Die Verwaltung ist in Abteilungen unterteilt. Das Unternehmen verfügt neben dem Bürobereich über ein Lager, in dem Reinigungsmittel, Arbeitskleidung u.a. gelagert werden, sowie über einen Fuhrpark und eine eigene Werkstatt für die Reparatur der Fahrzeuge. Die Kunden sind vor allem Geschäftskunden, aber auch einige Privatkunden.

Sie sind für die Bearbeitung der Eingangs- und der Ausgangspost zuständig.

4.12

Sie sollen die Eingangspost bearbeiten. Wie gehen Sie vor?

Bringen Sie den Ablauf der Postbearbeitung in die richtige Reihenfolge, indem Sie die Ziffern 1 bis 6 in die Kästchen neben den Arbeitsschritten eintragen. Übertragen Sie anschließend Ihre senkrecht angeordneten Lösungsziffern in dieser Reihenfolge von links nach rechts in den Lösungsbogen.

Eingangspost

a) Sie leiten die Post an die entsprechenden Empfänger weiter.

b) Sie holen die Post aus dem Postfach bei der zuständigen Postfiliale ab.

c) Sie öffnen die Sendungen mit einem Brieföffner oder einer Brieföffnungsmaschine.

d) Sie kontrollieren die Sendungen auf Vollständigkeit der Anlagen, vergleichen die Anlagevermerke mit den Anlagen und überprüfen, ob alle Briefhüllen leer sind.

e) Sie sortieren Irrläufer und Sendungen, die nicht geöffnet werden dürfen, aus.

f) Sie versehen jeden Brief mit einem Eingangsstempel.

4.13

Sie sortieren eingegangene Schriftstücke, um sie dann an die zuständigen Sachbearbeiter weiterzuleiten.

Ordnen Sie zu, indem Sie die Kennziffern der Sachbearbeiter in die Kästchen neben den Schriftstücken eintragen.

Sachbearbeiter für

1. Marketing/PR

2. Einkauf

3. Personal

4. Auftragsabwicklung

5. Rechnungswesen

6. Lagerverwaltung

Schriftstücke

a) Angebot für 80 neuartige Funktions-Fensterreiniger

b) Mahnung über eine noch unbezahlte Rechnung

c) Schriftliche Anfrage eines Großkunden, der einen kurzfristigen Termin für die Reinigung von 87 großflächigen Fensterscheiben seiner Büroimmobilie wünscht

d) Fotoagentur Wortmann schickt Probeabzüge für Hochglanzprospekte

e) Angeforderte Broschüren über ein neues Regalsystem zur Lagerung von Reinigungsmitteln

f) Bewerbung um einen Ausbildungsplatz als Industriekauffrau

4.14

In Ihrem Ausbildungsbetrieb werden täglich verschiedene Arten von Postsendungen verschickt. Sie entscheiden, für welche Postsendung welche Sendungsart die geeignetste ist.

Ordnen Sie zu, indem Sie die Kennziffern von **4** der insgesamt 5 Sendungsarten in die Kästchen neben den Postsendungen eintragen.

Sendungsarten

1. Express Brief
2. Einschreiben
3. Paket
4. Postsendung, die so adressiert ist, dass der persönliche Empfängername vor der Firmenanschrift genannt wird
5. Infopost

Postsendungen

a) 300 Empfänger in München sollen durch ein Mailing über ein Kennenlernangebot informiert werden.

b) Sie wollen ein Ersatzteil (Wert 300 €) mit einem Gewicht von 1 500 g über Nacht von Hamburg nach München transportieren.

c) Einer Privatkundin soll der Vertrag über die monatliche Fensterreinigung ihres privaten Schwimmbades an die Adresse ihres Arbeitsplatzes geschickt werden. Sie bittet darauf zu achten, dass die Sendung nicht von anderen geöffnet wird.

d) Einem Mitarbeiter soll die Kündigung schriftlich zugehen.

4.15

Die Werkstatt benötigt für die Reparatur eines Fahrzeugs ein spezielles Ersatzteil (Gewicht unter 1 kg), das nicht vorrätig auf Lager ist. Der Betrieb des Lieferers, bei dem das Ersatzteil bestellt wurde, liegt in Nürnberg. Das Ersatzteil sollte schnellstmöglich geliefert werden.

Der Lieferer möchte von Ihnen wissen, welche Versandart Sie wünschen.

Welche **3** der nachfolgenden Versandarten kommen infrage?

1. Der Lieferer schickt das Ersatzteil per Kurier.
2. Sie lassen das Ersatzteil von einem Mitarbeiter abholen.
3. Der Lieferer schickt das Ersatzteil per Einschreiben auf dem regulären Postweg.
4. Der Lieferer schickt einen Mitarbeiter, der das Ersatzteil vorbeibringt.
5. Der Lieferer schickt das Ersatzteil per Spedition.

4.16

Sie sollen Kunden, denen im Zusammenhang mit diversen Aufträgen Unterlagen per Post zugeschickt wurden, vereinbarungsgemäß am Quartalsende die Versandkosten in Rechnung stellen. Dazu liegt Ihnen der nachfolgende Tarifauszug der Deutschen Post AG vor.

Briefe National

Briefsendung

Postkarte	0,45 €
Standardbrief (bis 20 g)	0,55 €
Kompaktbrief (bis 50 g)	0,90 €
Großbrief (bis 500 g)	1,45 €
Maxibrief (bis 1 000 g)	2,20 €

Zusatzleistung

Eigenhändig	1,80 €	(nur mit Einschreiben kombinierbar)
Rückschein	1,80 €	(nur mit Einschreiben kombinierbar)
Einschreiben	2,05 €	
Einschreiben Einwurf	1,60 €	

Tarifauszug: Deutsche Post AG; Stand: Oktober 2011

Ermitteln Sie mithilfe des Tarifauszugs der Deutschen Post AG die Beträge, die den jeweiligen Kunden in Rechnung zu stellen sind.

a) Bauer GmbH: Ein Brief à 47 Gramm, ein Brief à 250 Gramm

b) Kleinschmidt OHG: Fünf Briefe à 520 Gramm, davon zwei als Einschreiben Eigenhändig

c) Otter KG: Zehn Briefe à 980 Gramm; davon drei als Einschreiben mit Rückschein und zwei als Einschreiben Einwurf

d) Zwindelmann GmbH: Drei Briefe à 70 Gramm, vier Briefe à 330 Gramm und acht Briefe à 920 Gramm. Die 920 Gramm schweren Briefen wurden als Einschreiben verschickt.

Ausgangslage für die Aufgaben 4.17 bis 4.22

Sie sind Auszubildende/r bei einem Farbenhersteller, der Drexel GmbH. Hier sollen Sie zunächst in die grundlegenden bürowirtschaftlichen Abläufe eingearbeitet werden.

4.17

Sie sollen Lieferscheine von Warenlieferungen abheften und dazu einen neuen Ordner mit alphanumerischer Sortierung anlegen.

Wie gehen Sie vor?

1. Sie sortieren die Lieferscheine erst alphabetisch nach den Lieferern in ein alphabetisches Register. Belege des gleichen Lieferers legen Sie nach dem Eingangsdatum ab.
2. Sie beschriften ein Trennblatt mit dem Kürzel „LI" für „Lieferscheine" und legen die Lieferscheine dahinter nach dem Eingangsdatum ab.
3. Sie heften die Lieferscheine in einem alphabetischen Register ohne Berücksichtigung des Eingangsdatums ab.
4. Ohne Berücksichtigung der Lieferer heften Sie die Lieferscheine nach dem Eingangsdatum ab. Dabei achten Sie darauf, dass der aktuellste oben abgeheftet ist.
5. Sie legen ein Register an, das Haupt- und Untergruppen enthält (z. B. 1, 1.1, 1.2, 2, 2.1 usw.). Den Lösungsmittellieferer sortieren Sie unter 1 ein, den Büromateriallieferer unter 2 usw. Dabei dienen die Untergruppen (z. B. 1.1 und 1.2) der Einteilung in „einwandfreie Lieferungen" und „reklamierte Lieferungen".

4.18

Sie sollen Rechnungen erst nach dem Alphabet, dann nach dem Eingangsdatum des Briefes sortieren. Die aktuellere Rechnung soll dabei vor den älteren liegen.

Bringen Sie die Rechnungen in die richtige Reihenfolge, indem Sie die Ziffern 1 bis 11 in die Kästchen neben den Briefen eintragen. Die zuoberst liegende Rechnung trägt die Kennziffer 1, die zuunterst liegende Rechnung die Kennziffer 11.

Name	Datum des Briefs	
a) Ammann, Klaus	2011-10-03	
b) Ammann, Klaus	2011-05-11	
c) Vosswald, Hermine	2011-11-12	
d) Karel, Jens	2011-05-04	
e) Ammann, Kläre	2011-11-01	
f) Bertini, Jennifer	2011-12-10	
g) Kampmann, Hans	2011-07-09	
h) Kampmann, Hans	2011-07-10	
i) Knispe, Jutta	2011-08-06	
j) Jasper, Theodor	2011-09-07	
k) Vösselt, Bert	2011-11-12	

4.19

Sie erhalten die Aufgabe, Schriftstücke zu sortieren. Bevor Sie entscheiden können, welche der Schriftstücke weggeworfen werden können und welche aufzubewahren sind, müssen Sie den Aufbewahrungswert des jeweiligen Schriftstückes beurteilen.

Ordnen Sie zu, indem Sie die Kennziffern des jeweiligen Aufbewahrungswerts in die Kästchen neben den Schriftstücken eintragen.

Aufbewahrungswert

1. Tageswert
2. Prüfwert
3. Gesetzeswert
4. Dauerwert

Schriftstücke

a) Gerade eingegangene Rechnung, die noch unbezahlt ist

b) Telefonnotiz des Beratungsgesprächs mit einer Kundin. Die Kundin hat keine Rückfragen mehr.

c) Buchungsbeleg einer beglichenen Rechnung

d) Auftragsannahme; die Ware wurde noch nicht geliefert

e) Handschriftliche Daten eines Neukunden, die in der Kundendatei erfasst und kontrolliert wurden

f) Gesellschaftsvertrag Ihres Ausbildungsbetriebes

4.20

Sie sollen entscheiden, welche Belege aufgrund der gesetzlich vorgeschriebenen Aufbewahrungsfrist noch aufbewahrt werden müssen. Das aktuelle Datum, an dem Sie die Belege sortieren, ist der 31. Januar 2012.

Welche **2** der nachfolgenden Belege können Sie vernichten?

1. Jahresabschluss vom 25. Februar 1993
2. Buchungsbeleg vom 10. September 2006
3. Versicherungspolice einer Versicherung, die zum 1. Januar 2001 gekündigt wurde.
4. Kontoauszug vom 22. Mai 2008
5. Angebot vom 12. April 2009
6. Lieferschein vom 11. März 2003

4.21

Sie sollen zum Monatsersten Belege buchen. Alle Fremdbelege wurden bereits mit einem Eingangsstempel versehen und auf sachliche und rechnerische Richtigkeit überprüft.

Für eine ordnungsgemäße Buchführung sollte ein bestimmter Arbeitsablauf eingehalten werden. Bringen Sie die Arbeitsschritte in die richtige Reihenfolge, indem Sie die Ziffern 1 bis 6 in die Kästchen neben den Arbeitsschritten eintragen.

Belege

a) Sie buchen die Belege.

b) Sie legen die Belege so ab, dass Sie sie leicht wieder finden.

c) Sie nummerieren alle Belege fortlaufend innerhalb der Belegarten.

d) Sie kontieren die Buchungssätze mithilfe des Kontenplans vor.

e) Sie sortieren die Belege nach bestimmten Belegarten (z. B. Materialentnahmescheine, Eingangsrechnungen, Ausgangsrechnungen usw.)

f) Sie versehen jeden Beleg mit einem Buchungsvermerk.

4.22

In Ihrem Unternehmen sollen Arbeitsabläufe durch die geeignete Informations- und Telekommunikationstechnik erleichtert und Arbeitsabläufe rationalisiert werden. Der Kundenberater eines IT-Beratungsunternehmens berät Ihren Vorgesetzten über eine sinnvolle Ausstattung Ihres Ausbildungsbetriebes mit Informations- und Kommunikationstechnik.

a) Welche **2** der nachfolgenden Feststellungen des Kundenberaters über Informations- und Kommunikationssysteme sind **falsch**?

   1. „Das Telefonieren mit einem Handy läuft immer über die Basisstation und das Netzwerk eines Mobilfunkanbieters. Ihr Unternehmen schließt deshalb einen Vertrag mit dem Mobilfunkanbieter."

   2. „Die Außendienstmitarbeiter Ihres Unternehmens benötigen unbedingt ein entsprechend ausgestattetes Notebook, um in Sekundenschnelle Faxe zu senden."

   3. „Mit ʻCall by Callʼ wählen Sie bei jedem Telefongespräch die Vorwahl des jeweils günstigsten Netzanbieters vor der eigentlichen Telefonnummer."

   4. „Jeder PC-Hersteller bietet Online-Dienste an, um Anwendern bei Problemen mit ihrem PC behilflich zu sein."

   5. „Die Teilnahme an Videokonferenzen ist für Ihr Unternehmen vor allem dann sinnvoll, wenn internationale Geschäftsbeziehungen geknüpft werden sollen."

   6. „Ich empfehle Ihnen, die PCs der einzelnen Büroarbeitsplätze in Ihrer Unternehmung miteinander zu vernetzen. Wird nämlich ein neues Tabellenkalkulationsprogramm angeschafft, brauchen Sie nur den Mitarbeiter, der für die Administration des Netzes verantwortlich ist, darin zu schulen. Das spart Zeit und Kosten."

b) Welche seiner nachfolgenden Feststellungen über das Internet ist **falsch**?

   1. „Durch Electronic-Mail (E-Mail) können weltweit, schnell und kostengünstig Nachrichten ausgetauscht werden."

   2. „Bei einem File Transfer Protocol (FTP) handelt es sich um einen Dateitransferdienst, der vor allem für den Datentransport zwischen Rechnern im Rahmen von Anwendungen genutzt wird."

   3. „Beim World Wide Web (www) können Informationen in bereitgestellten Dokumenten über nahezu alle Themengebiete nach dem Client-Server-Prinzip zugänglich gemacht werden."

   4. „Das Internet hat mittlerweile einen großen Stellenwert bei Geschäftsbeziehungen (Business-to-Business)."

   5. „Unter Hyperlinks versteht man Informationsbörsen im Internet, in denen Informationen zu verschiedenen Themen veröffentlicht werden."

Ausgangslage für die Aufgaben 4.23 bis 4.26

Ihr Ausbildungsbetrieb, ein Großunternehmen der Bekleidungsindustrie mit eigenem Vertrieb, ist kürzlich Partner eines Rabattkarten-Systems geworden. Von einem Marketingunternehmen werden die aus den Rabattkarten gewonnenen Kundendaten gesammelt und aufbereitet. Anschließend werden sie an die Marketingabteilung Ihres Betriebes weitergeleitet, wo sie unter Vertriebsgesichtspunkten ausgewertet werden.

Bislang waren vier Mitarbeiter mit der Datenauswertung betraut. Nun wurden noch 17 Mitarbeiter für diese Aufgabe nachgeschult. Des Weiteren soll nun auch der Umgang mit Daten und die Datensicherheit optimiert werden.

Darüber hinaus bittet die Geschäftsleitung die Mitarbeiter, die mit der Verarbeitung der Kundendaten betraut sind, aus der Praxis heraus Vorschläge zu unterbreiten, wie man die Datensicherung effektiver gestalten kann.

4.23

Welcher Funktionsträger muss in Ihrem Ausbildungsbetrieb (ein Großbetrieb) laut BDSG innerhalb eines Monats schriftlich bestellt werden?

1. Sicherheitsbeauftragter
2. Beauftragter für den Arbeitsschutz
3. Beauftragter für Public Relations
4. Beauftragter für den Datenschutz

4.24

Ein Marktforschungsinstitut plant eine Studie zur „Akzeptanz von Rabattkarten bei Verbrauchern zwischen 25 und 40 Jahren". Zu statistischen Zwecken werden Sie um eine Adressenliste aller Kunden dieser Altersgruppe gebeten, die in den letzten drei Wochen eine Rabattkarte beantragt haben.

Wie reagieren Sie richtig?

1. Sie selektieren die betreffenden Kunden aus dem Kundenstamm und überlassen dem Marktforschungsinstitut sämtliche Kundendaten. Dabei weisen Sie darauf hin, dass Ihr Unternehmen bei Veröffentlichungen als Quelle zu nennen ist.
2. Sie selektieren aus dem Kundenstamm die betreffenden Kunden, die ihre Einwilligung gegeben haben, dass ihre Daten zu statistischen Zwecken genutzt werden dürfen. Sie überlassen dem Marktforschungsinstitut aber nur die Daten über Name, Adresse und Alter mit dem Hinweis, die Daten vertraulich zu behandeln.
3. Sie verweigern die Herausgabe der Adressen mit dem Hinweis auf Datenschutz.
4. Um das Datenschutzgesetz nicht zu verletzen, beschränken Sie die Herausgabe der Daten nicht auf einen bestimmten Alterskreis, sondern geben dem Marktforschungsinstitut eine Adressenliste aller Kunden, die eine Rabattkarte beantragt haben.

4.25

Von der Belegschaft sind zahlreiche Vorschläge eingegangen. Sie sollen sie auswerten. Welche der Vorschläge sind für welches Ziel der Datensicherung geeignet?

Ordnen Sie zu, indem Sie die Kennziffern der Ziele in die Kästchen neben den Vorschlägen eintragen.

Ziele der Datensicherung

1. Sicherung gegen Computerviren

2. Sicherung gegen unzulässige Nutzung

3. Sicherung gegen den Verlust von Daten

Vorschläge der Mitarbeiter

a) Alle 10 Minuten sollte automatisch eine Zwischenspeicherung erfolgen.

b) Aktuellste Version eines Anti-Viren-Programms aus dem Internet herunterladen

c) Jeder Benutzer erhält ein Passwort.

d) Sicherung von Dateien auf einem Server

e) Sicherung von Dateien auf CD-ROM

f) Sicherung mit einem Dongle

4.26

Dem Datenschutz muss nun durch die Verarbeitung von Kundendaten ein besonderer Stellenwert zukommen. In einer Besprechung werden geeignete Maßnahmen der Datensicherung genannt.

Welche der folgenden Maßnahmen ist **nicht** geeignet, vor einem Datenverlust durch Ausfall des Betriebssystems, durch Computerviren etc. zu schützen?

1. Sie speichern Ihre Daten auf Datenträgern (CD-ROM) ab.

2. Sie machen ein regelmäßiges Backup.

3. Sie lassen fremde CD-ROM immer mithilfe eines Virenschutzprogrammes auf Viren hin untersuchen, nachdem Sie mit ihnen gearbeitet haben.

4. Sie sichern Ihre wichtigsten Daten auf mehreren PCs.

5. Sie aktualisieren regelmäßig Ihr Anti-Viren-Programm.

6. Sie drucken Daten nach ihrer Bearbeitung aus und bewahren sie auf.

Ausgangslage für die Aufgaben 4.27 bis 4.32

Ihr Ausbildungsbetrieb, die Betonit GmbH, ist ein Zuliefererbetrieb der Baubranche. Gegründet wurde die GmbH von zwei Gesellschaftern, die gleichzeitig Geschäftsführer sind.

Die Betonit GmbH produziert aus Rohstoffen Betonwaren verschiedener Qualitäten. Diese werden an weiter verarbeitende Betriebe der Baubranche geliefert.

In Ihrem Ausbildungsbetrieb sind die Zuständigkeiten nach dem Mehrlinien- bzw. Funktionensystem aufgeteilt. Es gibt die Abteilungen Einkauf, Lager, Vertrieb und Verwaltung sowie Produktion.

Einkauf, Produktion und Verkauf orientieren sich am Markt. Als Zuliefererbetrieb muss sich Ihr Ausbildungsbetrieb sowohl am Beschaffungsmarkt als auch am Absatzmarkt positionieren.

4.27

Sie arbeiten in einer GmbH. Welche **2** der nachfolgenden Feststellungen über den rechtlichen Status Ihres Ausbildungsbetriebes sind demnach richtig?

1. Ihr Ausbildungsbetrieb braucht sich nicht ins Handelsregister eintragen lassen.
2. Das Stammkapital Ihres Ausbildungsbetriebes beträgt mindestens 25.000 €; es wurde von den Gesellschaftern aufgebracht.
3. Die Gesellschafter haften im Insolvenzfall über ihre Einlagen hinaus auch mit ihrem persönlichen Kapital.
4. Die Gesellschafter müssen zwangsläufig Geschäftsführerfunktion übernehmen.
5. Der Gesellschaftsvertrag ist notariell beurkundet worden.
6. Soll einem Mitarbeiter Prokura erteilt werden, genügt der Beschluss eines der Gesellschafter.

4.28

Ihr Ausbildungsbetrieb erfüllt am Markt verschiedene Aufgaben. Er übernimmt damit gesamtwirtschaftlich bestimmte Funktionen.

Ordnen Sie zu, indem Sie die Kennziffern der Funktionen in die Kästchen hinter den Aufgaben eintragen.

Funktionen

1. Verteilungsfunktion

2. Überbrückungsfunktion

3. Informationsfunktion

4. Auswahlfunktion

Aufgaben

a) Im Vertrieb wird jeder Kunde kundengerecht beraten, d. h. die Vertriebsmitarbeiter bemühen sich das Produkt zu finden, das dem Kundenwunsch entspricht.

b) Ihr Ausbildungsbetrieb produziert aus Rohstoffen Betonwaren und verkauft diese an weiterverarbeitende Betriebe.

c) Die Betonit GmbH legt Warenvorräte an, damit Kunden auch kurzfristig beliefert werden können.

d) Ihr Ausbildungsbetrieb verfügt über ein vielfältiges Angebot an Betonwaren verschiedener Qualitäten. D. h., aus einer Vielzahl von Waren kann der Kunde die für seine Zwecke geeignete heraussuchen.

4.29

Um sich auf dem Markt zu positionieren, muss das unternehmerische Handeln Ihres Ausbildungsbetriebes sowohl kunden- als auch marktorientiert sein.

Bei welchem der nachfolgenden Handlungsschritte liegt **kein** kunden- und marktorientiertes Handeln vor?

1. Die Betonit GmbH betreibt Marktforschung.

2. Sie betreibt Produkt- und Sortimentsgestaltung.

3. Sie bietet einen Kundendienst an.

4. Sie orientiert ihre Preisgestaltung an den Vorstellungen der Kunden.

5. Sie eröffnet neue Absatzwege.

6. Sie betreibt Marketing.

4.30

Ein Betriebsgliederungsplan gibt in Ihrem Ausbildungsbetrieb eine Übersicht über die einzelnen Abteilungen und ihre Aufgaben. Da der Plan mehrmals kopiert wurde, ist er an manchen Stellen nicht mehr lesbar. Sie sollen die fehlenden Begriffe ergänzen.

Ordnen Sie zu, indem Sie die Kennziffern in die Kästchen neben den Aufgaben eintragen.

Unternehmensleitung			
Abteilung Einkauf	**Abteilung Lager**	**Abteilung Vertrieb**	**Abteilung Verwaltung**
Bedarfsermittlung	Warenannahme	Verkauf	**4.**
Bezugsquellenermittlung	Lager	**3.**	Anlagenwesen
1.	Warenausgabe	Versand	Finanzwesen
Überwachung d. Lieferungen	**2.**		Personal

a) Rechnungswesen

b) Lagerbuchhaltung

c) Bestellung

d) Marketing

4.31

Für den Laserdrucker in der Abteilung Vertrieb muss eine neue Kartusche bestellt werden.

Wer darf entsprechend dem Leitungssystem Ihres Ausbildungsbetriebes Anweisung erteilen?

1. Der Vertriebsleiter erteilt der Einkaufsleiterin Anweisung eine neue Kartusche zu bestellen.
2. Der Vertriebsleiter teilt der Geschäftsleitung mit, dass eine neue Kartusche gebraucht wird. Diese erteilt der Einkaufsleiterin Anweisung die Kartusche zu bestellen.
3. Der Vertriebsleiter teilt der Einkaufsleiterin mit, dass eine neue Kartusche gebraucht mit. Die Einkaufsleiterin nimmt Rücksprache mit der Geschäftsleitung, die dann der Einkaufsleiterin die Anweisung erteilt, die Kartusche zu bestellen.
4. Der Vertriebsleiter bestellt die Kartusche ohne Abstimmung mit einer anderen Abteilung.

4.32

Sie werden in der Einkaufsabteilung in den Aufgabenbereich Rohstoffbestellung eingearbeitet.

Welche der nachfolgenden Tätigkeiten gehört **nicht** zu Ihren Aufgaben?

1. Sie schließen einen Vertrag mit einem Lieferer ab.
2. Sie ermitteln den Bedarf an Rohstoffen.
3. Sie führen eine Bezugsquellenermittlung durch.
4. Sie überwachen die Lieferung.
5. Sie betreiben Kundenpflege.

Tag für Tag liefern Transportbetonunternehmen durchschnittlich über 100 000 Kubikmeter Beton auf Baustellen in Deutschland.

Ausgangslage für die Aufgaben 4.33 bis 4.38

In Ihrem Ausbildungsbetrieb, der sich auf die Herstellung und den Direktvertrieb von Ratgeberliteratur spezialisiert hat, werden Sie in die Arbeitsabläufe im Bürobereich eingearbeitet.

Die Verlagsbranche befindet sich gerade in einer Absatzkrise. Um aus der Krise herauszukommen, setzt die Unternehmensleitung verstärkt auf Kundenbetreuung. Kundenbindung, Neukundengewinnung und Rationalisierung stehen dabei im Vordergrund.

4.33

Um bürowirtschaftliche Arbeitsabläufe zu rationalisieren, gibt es in Ihrem Ausbildungsbetrieb eine Vielzahl verschiedener Vordrucke. Je nach Situation muss das passende Formular ausgefüllt werden.

Ordnen Sie zu, indem Sie die Kennziffern der Vordrucke in die betreffenden Kästchen hinter den Situationen eintragen.

Vordrucke

1. Überweisungsformular
2. Formular „Auftragsannahme"
3. Vordruck „Aktenvermerk"
4. Warenentnahmeschein
5. Personalerfassungsbogen

Situationen

a) Die Auszubildende holt aus dem Lager drei Aktenordner.

b) Ein Mitarbeiter möchte das Ergebnis eines Kundengesprächs schriftlich festhalten und zusammen mit den Unterlagen, die zu dem Geschäftsvorgang gehören, abheften.

c) Auf Veranlassung der PR-Abteilung sollen Sie einer karitativen Organisation eine einmalige Spende zukommen lassen.

d) Eine neue Mitarbeiterin soll ihre Personalien hinterlassen.

e) Eine Kundin interessiert sich für ein bestimmtes Steuerhandbuch. Sie hat sich bereits informiert und möchte das Buch direkt bestellen.

4.34

Sie werden ins EDV-gestützte Warenwirtschaftssystem eingearbeitet.

Welche **2** der nachfolgenden Feststellungen über die praktische Anwendung des Warenwirtschaftssystems sind **falsch**?

1. Mithilfe der computergestützten Lagerverwaltung können Sie den Weg jedes Artikels vom Einkauf bis zu seinem Verkauf nachvollziehen.

2. In der Artikeldatei müssen Sie die Stammdaten regelmäßig aktualisieren, während Sie die Bewegungsdaten über einen längeren Zeitraum nicht zu ändern brauchen.

3. Wenn Sie zur Begleichung einer Rechnung die Bankverbindung eines Lieferanten suchen, finden Sie diese in der Liefererdatei.

4. Geben Sie Daten in einem Eingabeformular (Erfassungsmaske) falsch ein, überprüft die Software, ob Daten fehlerhaft eingegeben werden und informiert den Nutzer vor der Speicherung bzw. lässt die Speicherung nicht zu.

5. Durch die Erfassung von Daten mithilfe von EAN-Codes wird die computergestützte Datenerfassung rationalsiert.

6. Die Artikeldatei enthält sämtliche Artikel, die über das System eingegeben werden. Dabei dient Ihnen der Verkaufspreis als Zugriffsschlüssel.

4.35

Daten und Informationen können mithilfe unterschiedlicher EDV-Programme verarbeitet werden. Um Zeit zu sparen, müssen diese aber aufgabenorientiert genutzt werden.

Welche/r der nachfolgenden Mitarbeiter/-innen nutzt die EDV **nicht** aufgabenorientiert?

1. Herr Hummer verwendet für die Erfassung von Büromaterialeingängen und -entnahmen ein Lagerbuchhaltungsprogramm.

2. Frau Classen aktualisiert ihre jährliche Statistik des Büromaterialverbrauchs mithilfe eines Textverarbeitungsprogramms.

3. Herr Koslowski erzeugt in einem Textverarbeitungsprogramm einen Serienbrief.

4. Frau Çai bewältigt komplexe Berechnungen mithilfe eines Tabellenkalkulationsprogramms.

4.36

Um kundennahe Konzepte für die Kundenbindung und Neukundengewinnung zu entwickeln, findet ein Planungsgespräch mit den Vertriebsmitarbeitern statt.

a) Als Arbeitsgrundlage für das Planungsgespräch sollen Sie für die letzten beiden Geschäftsjahre die quartalsmäßige Absatzentwicklung grafisch darstellen.

Welche **2** Arten der Visualisierung eignen sich dafür?

1. Kreis-/Tortendiagramm
2. Kurvendiagramm
3. Säulendiagramm
4. Netzplan

b) Sie sollen die Ideen, die die Mitarbeiter in der Anfangsphase des Gesprächs entwickeln, strukturiert festhalten.

Welche der nachfolgenden Arbeitstechniken wenden Sie dazu an?

1. Sie halten die Ergebnisse mithilfe von Mind-Mapping fest.
2. Sie führen eine Problemanalyse durch.
3. Sie verfassen ein Ergebnisprotokoll des Gesprächs.
4. Sie führen eine Präsentation durch.

4.37

Auf Anregung des Betriebsrates sollen in Ihrem Ausbildungsbetrieb künftig verstärkt Arbeits- und Lerntechniken zur Förderung und Entwicklung der Mitarbeiter eingesetzt werden. Dazu haben Mitarbeiter schriftlich Vorschläge unterbreitet. Sie haben die Aufgabe die Vorschläge auszuwerten.

Welche **2** der nachfolgenden Vorschläge enthalten **falsche** Feststellungen?

1. In einigen Abteilungen ist das Betriebsklima gestört. Es könnten Rollenspiele durchgeführt werden, um die Einstellungen und das Verhalten von Gruppen und Einzelpersonen zu beobachten und zu schulen.
2. In den betriebsinternen Projektgruppen, die Problemlösungen erarbeiten, sollte auf Gruppenarbeit verzichtet werden. Gruppenarbeit unterdrückt nämlich die Kreativität des Einzelnen und hemmt die Motivation.
3. Bei der Schulung neuer Beratungsmitarbeiter werden Arbeitsgruppen zu verschiedenen Themen gebildet. Hier könnte mithilfe einer Kartenabfrage der Erfahrungshintergrund und der Wissensstand der Mitglieder einer Arbeitsgruppe herausgefunden werden.
4. Um kompetent informieren zu können, sollten die Vertriebsmitarbeiter regelmäßig ihre Fachkenntnisse erweitern und festigen. Dazu eignet sich die CBT-Methode.
5. Um neue Mitarbeiter schneller einzuarbeiten, sollten Arbeitsabläufe anschaulich dargestellt werden. Zur Visualisierung von Arbeitsabläufen eignet sich ein Brainstorming.

4.38

Bei der Kundenbetreuung, die in den Aufgabenbereich von drei Mitarbeiterinnen fällt, ist seit einiger Zeit eine verminderte Arbeitsproduktivität und Fehleranfälligkeit festgestellt worden.

Um die Aufmerksamkeit und Motivation zu erhöhen, soll jede der Mitarbeiterinnen zwei Monate für eine begrenzte Zeit die Kunden der anderen betreuen. Nach weiteren zwei Monaten wird abermals gewechselt, bis jede Mitarbeiterin den gesamten Kundenstamm kennen gelernt hat.

Welche Maßnahme soll durchgeführt werden?

1. Job Rotation
2. Job Enrichment
3. Job Sharing
4. Job Enlargement

Ausgangslage für die Aufgaben 4.39 bis 4.43

Ihr Ausbildungsunternehmen, die Grothe GmbH, produziert und vertreibt City- und Trekkingräder. Der Betrieb verfügt über Produktions- und Montagestätten sowie Werkstätten. Die Fahrräder werden in Ausstellungsräumen präsentiert und zum Direktverkauf angeboten.

Für die Auftragsabwicklung und Kundenbetreuung und -beratung war bislang ein fester Personalstamm von fünf Mitarbeitern verantwortlich.

Sie sind in der Personalabteilung eingesetzt und werden in die Personalplanung eingearbeitet.

4.39

Bereits nach einer Woche können Sie die vielen neuen Aufgaben, die Sie zu bewältigen haben, kaum mehr überblicken. Ihr Vorgesetzter gibt Ihnen den Tipp, mithilfe von Zeitplan-Methoden den Überblick zu behalten.

Welche **3** der nachfolgenden Beispiele sind geeignete Zeitplan-Methoden, um Ihr Problem zu lösen?

1. Sie setzen Prioritäten, indem Sie die Aufgaben schriftlich den Prioritäten A (wichtig und dringend), B (wichtig, aber nicht dringend) und C (dringend, aber nicht wichtig) zuordnen und abschätzen, wie viel Zeit Sie für die jeweilige Aufgabe benötigen.
2. Sie schreiben alle Aufgaben beliebig hintereinander auf und arbeiten die Liste von oben nach unten ab.
3. Um Zeit zu sparen und die Aufgaben schneller abarbeiten zu können, verzichten Sie darauf, die Planung aufzuschreiben.
4. Bei Ihrer Planung lassen Sie Pufferzeiten für Unvorhergesehenes.
5. Sie bilden Arbeitsblöcke für gleiche Tätigkeiten (z. B. Telefonieren; Kopieren; Ablage).

4.40

Die ersten Mitarbeiter der Auftragsabwicklung stellen bereits ihre Urlaubsanträge. Bevor darüber entschieden werden kann, sollen Sie den voraussichtlichen Personalbedarf mithilfe der nachfolgenden Auftragsdaten aus dem vorangegangenen Jahr ermitteln.

Monat (voran-gegangenes Jahr)	Jan	Febr	März	April	Mai	Juni	Juli	Aug	Sept	Okt	Nov	Dez	Gesamt
Aufträge (in %)	7	9	12	13	11	9	7	6	8	6	4	8	100
Aufträge (absolut)	88	105	143	154	127	113	86	73	94	76	43	98	1 200
Voraussichtlicher Personalbedarf (Folgejahr)													

Wie hoch war der Personalbedarf in den einzelnen Monaten des vorangegangenen Jahres? Runden Sie den errechneten Personalbedarf jeweils kaufmännisch auf eine ganze Zahl auf bzw. ab. (**Hinweis:** Siehe Information zur „Ausgangslage" auf der vorherigen Seite)

	Anzahl			Anzahl
a) Januar		g) Juli		
b) Februar		h) August		
c) März		i) September		
d) April		j) Oktober		
e) Mai		k) November		
f) Juni		l) Dezember		

4.41

Bei welcher Art von Personalplanung haben Sie mitgewirkt (Aufgabe 4.40)?

1. Saisonale Personalplanung
2. Qualitative Personalplanung
3. Quantitative Personalplanung
4. Funktionale Personalplanung

4.42

Auf der Grundlage des errechneten Personalbedarfs für das Jahr 2011 (siehe Lösung 4.40) kann die Personalplanung geeignete Maßnahmen ergreifen.

Welche **2** der nachfolgenden Maßnahmen sind richtig?

1. Der Mehrbedarf an Mitarbeitern in den Monaten März bis Juni wird durch Aushilfskräfte aufgefangen.

2. Die Mitarbeiter werden angehalten, nach Möglichkeit im April Urlaub zu nehmen.

3. Die Mitarbeiter werden gebeten, zwischen Februar und Juni sowie im September und im Dezember weniger und in den Monaten Januar, Juli, August, Oktober und November mehr Urlaub zu nehmen.

4. Es werden zwei neue feste Mitarbeiter eingestellt, um den Mehrbedarf an Mitarbeitern zwischen März und Juni zu decken.

4.43

Die Grothe GmbH hat zur Beaufsichtigung einer Sonderausstellung eine Reihe von Aushilfskräften eingesetzt, die zu unterschiedlichen Zeiten und zum Teil nur halbtags arbeiten können. Die Aufsicht ist jedoch ganztags erforderlich. Sie sollen einen Wochenarbeitsplan ausarbeiten. Wie gehen Sie vor?

Bringen Sie die Arbeitschritte in die richtige Reihenfolge, indem Sie die Ziffern 1 bis 4 in die Kästchen neben den Arbeitsschritten eintragen.

a) Sie lassen jedem Mitarbeiter einen Arbeitsplan zukommen.

b) Aus den Angaben der Mitarbeiter übertragen Sie die fixen Arbeitszeiten in den Arbeitsplan.

c) Sie lassen sich von jedem Mitarbeiter eine Auflistung seiner möglichen Arbeitszeiten geben und verschaffen sich einen Überblick über die Arbeitstage des Monats, für den Sie den Plan aufstellen möchten.

d) Aus den Angaben der Mitarbeiter übertragen Sie die flexiblen Arbeitszeiten in den Arbeitsplan.

Ausgangslage für die Aufgaben 4.44 bis 4.47

Ihr Ausbildungsbetrieb, die Frostalit GmbH, stellt Kühl- und Gefriergeräte her. Der Vertrieb plant zum Frühjahr eine Werbeaktion. Dazu sollen 1 200 Gastronomiebetriebe anhand von Prospekten über neue Kühl-Gefrier-Kombinationen informiert werden. Einem Prospekt soll jeweils ein Brief beigelegt werden.

4.44

Sie möchten 1 500 Prospekte bei einer Druckerei bestellen. Diese schickt Ihnen das nebenstehende Angebot (Seite 111).

Wie hoch ist der Gesamtpreis für 1 500 Prospekte?

4.45

Durch die Werbeaktion sollen 1 200 Kunden erreicht werden, die Sie bereits aus dem Kundenstamm selektiert haben. Wie gehen Sie als Nächstes vor?

Bringen Sie die nachfolgenden Arbeitsschritte in die richtige Reihenfolge, indem Sie die Ziffern 1 bis 6 in die Kästchen neben den Arbeitsschritten eintragen.

a) Sie informieren sich über preisgünstige Versandmöglichkeiten.

b) Sie frankieren die Briefe und versenden sie.

c) Sie entwerfen eine Mustervorlage für einen knappen, informativen Begleitbrief.

d) Sie verfassen einen Text.

e) Sie kuvertieren je einen Brief und einen Prospekt in Fensterumschlägen und kleben sie gegebenenfalls zu.

f) Sie drucken den Brief als Serienbrief in der benötigten Anzahl aus.

zu Aufgabe 4.44

Druckerei Anton Ackermann – Wichtelweg 11 – 06116 Halle/Saale

Frostalit GmbH
Frau Wesner
Kranach Straße 24
06114 Halle/Saale

Ihr Zeichen, Ihre Nachricht	Unser Zeichen	Telefon-Durchwahl	Datum
2011-03-01	JF	0345 114488-24	2011-03-09

Angebot

Sehr geehrte Frau Wesner,

ich bedanke mich für Ihre Anfrage und biete Ihnen die folgende Ausführung an:

Prospekte

Format:	A3
Druck:	4/4-farbig
Material:	glänzend oder mattgestr. Bilderdruck, 90 g/qm
Verarbeitung:	gefalzt auf A4, zusätzlich gefalzt auf 10,0 x 21,0 cm
Vorlagen:	Bilder als *.eps-Dateien gestellt, Text als Manuskript gestellt
Auflage*:	1 500 Exemplare
Preis:	26,00 € / 100 Stück
	zzgl. Versandkostenpauschale von 10,00 €
	zzgl. 19 % USt.

* 10 % Mehr- oder Minderlieferung möglich

Preis versteht sich inkl. Satz- und Lithokosten, bei 20 Abbildungen und einem Satzaufwand gem. Muster „EKU" und Entwurf. Ein Muster der angebotenen Papierqualität füge ich diesem Schreiben bei.

Wir würden uns freuen, Ihren Auftrag zu erhalten.

Mit freundlichen Grüßen

Druckerei Anton Ackermann GmbH

Jakob Fröhlich
Jakob Fröhlich

Anlage

4.46

Ihr Vorgesetzter informiert Sie, dass genau drei Prozent der 1 200 Werbebriefe als unzustellbar zurückgekommen sind. Sie sollen die Adressdaten aktualisieren.

Von wie vielen Briefen müssen Sie die Adressdaten aktualisieren?

4.47

Von 1 200 angeschriebenen Gastronomiebetrieben bekunden 336 Interesse an weitergehenden Informationen über die neuen Kühl-Gefrier-Kombinationen. Für die Statistik möchte die Marketing-Abteilung den prozentualen Anteil wissen.

Wie viel Prozent der Kunden hat mit Interesse auf die Werbeaktion reagiert?

Werben im Internet

Manche Unternehmen beauftragen eine Werbeagentur mit der Gestaltung von Prospekten auf einem Printmedium (gedrucktes Medium). Diese professionell gestalteten Prospekte könnte das Unternehmen nun leicht einscannen und auf seiner Homepage im Internet präsentieren. Aber Vorsicht: Die Prospekte dürfen nicht ohne Weiteres ins Internet gestellt werden. Viele Agenturverträge gestatten nur die Nutzung der Texte und Bilder für Printmedien. Die Veröffentlichung im Internet ist eine neue Nutzung, für die die Zustimmung des Urhebers (also der Werbeagentur) eingeholt werden muss. Anderenfalls besteht die Gefahr, dass die Werbeagentur Schadenersatzansprüche in Höhe der entgangenen Nutzungsgebühren oder Unterlassungsansprüche geltend macht.

Ausgangslage für die Aufgaben 4.48 bis 4.53

In Ihrem Ausbildungsbetrieb, einem mittelständischen Betrieb, finden am 21. März dieses Jahres die nächsten Betriebsratswahlen statt. Zum nächstmöglichen Termin soll dann erstmals eine Jugend- und Auszubildendenvertretung gewählt werden. Sie stellen sich ebenfalls zur Wahl.

4.48

Nach dem Betriebsverfassungsgesetz (BetrVG) müssen die nächsten Wahlen zum Betriebsrat zwischen dem 1. März und dem 31. Mai durchgeführt werden. Als Wahltermin wurde der 21. März festgelegt.

a) Nun muss auch für die Wahl zur Jugend- und Auszubildendenvertretung ein Termin gefunden werden. In welchem der nachfolgend genannten Zeiträume kann nach dem Betriebsverfassungsgesetz die Wahl durchgeführt werden?

   1. 1. März bis 31. Mai

   2. 22. März bis 31. Mai

   3. 1. Oktober bis 30. November

   4. 22. März bis 31. Dezember

b) Wie viele Jahre dauert die Amtszeit eines Jugend- und Auszubildendenvertreters?

   1. Ein Jahr

   2. Zwei Jahre

   3. Drei Jahre

   4. Vier Jahre

4.49

Sie erhalten eine Liste aller in Frage kommenden Kandidaten, die sich mit Ihnen zur Wahl stellen möchten.

Welcher Kandidat oder welche Kandidatin erfüllt **nicht** die nach dem Betriebsverfassungsgesetz erforderlichen Voraussetzungen?

1. Tim Rosenstaub, 18 Jahre, Auszubildender zum Industriekaufmann

2. Kira Wunderlich, 18 Jahre, Arbeitnehmerin in der Produktion

3. Thorsten Meisner, 17 Jahre, Arbeitnehmer im Lager

4. Mandy Schmidt, 25 Jahre, Auszubildende zur Bürokauffrau

4.50

Sie haben ermittelt, dass in Ihrem Betrieb 22 Arbeitnehmer die Voraussetzungen erfüllen, um eine Jugend- und Auszubildendenvertretung zu wählen.

Wie viele Mitglieder zur Jugend- und Auszubildendenvertretung sind zu wählen?

1. ein Mitglied

2. zwei Mitglieder

3. drei Mitglieder

4. vier Mitglieder

5. mehr als vier Mitglieder

4.51

Sie werden in die Jugend- und Auszubildendenvertretung gewählt. Ihre erste Aufgabe besteht darin, den 17-jährigen Auszubildenden Dennis Stolleis zu beraten. Er möchte von Ihnen wissen, ob sein Arbeitgeber das Recht hat, ihn vor und nach der Berufsschule, die zweimal wöchentlich stattfindet, noch im Betrieb zu beschäftigen.

Wie ist die Rechtslage?

1. Beginnt der Berufsschulunterricht wie immer um 8 Uhr, darf Dennis vor Unterrichtsbeginn nicht im Betrieb beschäftigt werden. Fängt sein Unterricht außerplanmäßig erst um 8:45 Uhr an, kann der Arbeitgeber verlangen, dass er vor Unterrichtsbeginn noch in den Betrieb kommt.

2. Da Dennis noch nicht volljährig ist, muss er vor und nach dem Unterricht auf jeden Fall noch im Betrieb beschäftigt werden.

3. Dennis muss zwar zum Berufsschulunterricht freigestellt werden, hat die Zeit jedoch nachzuarbeiten.

4. Die Zeiten des Berufsschulunterrichts werden nicht bezahlt. Deshalb braucht Dennis an diesen Tagen auch nicht im Betrieb zu erscheinen.

5. An den Tagen mit sechsstündigem Berufsschulunterricht muss Dennis anschließend nicht mehr in den Betrieb kommen. An denen mit vierstündigem Berufsschulunterricht kann sein Arbeitgeber verlangen, dass er nach dem Unterricht im Betrieb erscheint.

4.52

Die 17-jährige Anja Krumm, Auszubildende zur Industriekauffrau mit einer Arbeitszeit von 7,5 Std. täglich, hat einen langen Fahrtweg von der Arbeit nach Hause. Um früher zu Hause zu sein, möchte sie gerne auf ihre Pausen verzichten und dafür nachmittags früher gehen. Bevor sie mit ihrem Vorgesetzten spricht, möchte sie von Ihnen wissen, ob dies überhaupt rechtlich zulässig ist.

a) Wo informieren Sie sich über die Rechtslage?

1. im Berufsbildungsgesetz (BBiG)

2. im Jugendarbeitsschutzgesetz (JArbSchG)

3. im Arbeitszeitgesetz (ArbZG)

4. im Betriebsverfassungsgesetz (BetrVG)

b) Wie ist die Rechtslage?

1. Anja Krumm kann auf ihre Pausen verzichten und dafür früher gehen.

2. Anja Krumm hat je Arbeitstag eine Pause von 15 Minuten einzulegen.

3. Anja Krumm muss täglich mindestens 30 Minuten Pause einlegen. Sie kann die Pausen auf dreimal 10 Minuten verteilen.

4. Anja Krumm muss je Arbeitstag mindestens 60 Minuten Pause einlegen.

4.53

Jan Zerbel, der am 30.3.1996 geboren ist, soll zum 1. September 2012 eine Ausbildung zum Handelsfachpacker in Ihrem Ausbildungsbetrieb beginnen. Er hat seinen Vertrag noch nicht unterschrieben zurückerhalten, muss aber seinen Winterurlaub buchen. Deshalb ruft er Sie an, um Sie einiges zu fragen.

a) Wie viele Werktage Urlaub stehen Jan jährlich zu?

1. 24 Werktage

2. 25 Werktage

3. 27 Werktage

4. 30 Werktage

b) Wie viele Urlaubstage entfallen davon auf das Jahr 2012?

c) Darf er an Berufsschultagen Urlaub nehmen?

1. Grundsätzlich darf der Ausbildungsbetrieb Jan nur in den Schulferien Urlaub gewähren.

2. Jan darf seinen Urlaub nur außerhalb der Schulferien nehmen, da er in den Schulferien dem Betrieb ohne Einschränkungen zur Verfügung steht.

3. Nimmt Jan außerhalb der Schulferien seinen Urlaub, dann hat er trotzdem die Berufsschule zu besuchen.

4. Jan kann unabhängig von den Schulferien seinen Urlaub nehmen. Während seines Urlaubs muss er auch keine Berufsschule besuchen.

Ausgangslage für die Aufgaben 4.54 bis 4.56

Die Valentin GmbH bildet in diesem Jahr wieder zum Industriekaufmann/zur Industriekauffrau aus. Die 17-jährige Jana Schüppel hat bei der Valentin GmbH die Zusage für einen Ausbildungsplatz als Industriekauffrau zum nächsten Ausbildungsjahr erhalten.

4.54

Jana erzählt ihren Freundinnen von ihrem neuen Ausbildungsplatz.

Welche **2** ihrer nachfolgenden Feststellungen sind richtig?

1. „Zum 1. September kann ich mit der Ausbildung beginnen. Zuvor muss aber ein schriftlicher Vertrag geschlossen werden, den auch ein Elternteil mit unterschreiben muss."

2. „In den ersten sechs Monaten der Ausbildung sollte ich mir gar nichts zu Schulden kommen lassen, weil ich mich in dieser Zeit noch in der Probezeit befinde und mir die Valentin GmbH jederzeit kündigen kann."

3. „Die Zeit, die ich an der Zwischen- und Abschlussprüfung teilnehme, darf mir die Valentin GmbH nicht vom Gehalt abziehen."

4. „Im Ausbildungsvertrag müssen u. a. festgehalten werden: Beginn und Dauer meines Ausbildungsverhältnisses, die Höhe meiner Vergütung, die Dauer meiner regelmäßigen täglichen Ausbildungszeit und die Zeiten, zu denen ich meinen Urlaub nehmen darf."

5. „Das Ausbildungsverhältnis endet, sobald ich meine Prüfung bestanden habe. Falle ich allerdings durch, so erhalte ich keine zweite Chance, die Prüfung zu wiederholen. Der Betrieb kann nämlich meine Weiterbeschäftigung bis zur nächsten Prüfung verweigern."

4.55

Als sie den Ausbildungsvertrag unterschrieben hat, erhält Jana von ihrem Ausbilder die nachfolgende Information über ihre Pflichten als Auszubildende.

---

§ 13 Verhalten während der Berufsausbildung

Auszubildende haben sich zu bemühen, berufliche Handlungsfähigkeit zu erwerben, die zum Erreichen des Ausbildungsziels erforderlich ist. Sie sind insbesondere verpflichtet,

1. die ihnen im Rahmen ihrer Berufsausbildung aufgetragenen Verrichtungen sorgfältig auszuführen,
2. an Ausbildungsmaßnahmen teilzunehmen, für die sie nach § 15 freigestellt werden,
3. den Weisungen zu folgen, die ihnen im Rahmen der Berufsausbildung von Ausbildenden, von Ausbildern oder Ausbilderinnen oder anderen weisungsberechtigten Personen erteilt werden,
4. die für die Ausbildungsstätte geltende Ordnung zu beachten,
5. Werkzeug, Maschinen und sonstige Einrichtungen pfleglich zu behandeln,
6. über Betriebs- und Geschäftsgeheimnisse Stillschweigen zu wahren.

Aus welchem Gesetz stammt dieser Auszug?

1. Handelsgesetzbuch (HGB)

2. Bürgerliches Gesetzbuch (BGB)

3. Berufsbildungsgesetz (BBiG)

4. Tarifvertragsgesetz (TVG)

4.56

Jana ist nun seit fünf Monaten Auszubildende bei der Valentin GmbH. Sie hat festgestellt, dass ihr ein kaufmännischer Beruf nicht liegt. Sie möchte lieber einen handwerklichen Ausbildungsberuf erlernen und hat bei dem Dachdeckerbetrieb Jörg Schindel e.K. bereits einen Ausbildungsplatz gefunden. Jana könnte sofort mit der neuen Ausbildung beginnen, aber die Valentin GmbH besteht nun darauf, dass sie fristgerecht kündigt.

Wie ist die Rechtslage?

1. Jana befindet sich noch in der Probezeit. Deshalb braucht sie keine Kündigungsfrist einzuhalten.

2. Als Auszubildende kann Jana jederzeit ohne Einhalten einer Kündigungsfrist das Ausbildungsverhältnis lösen. Für eine Kündigung ist keine besondere Form erforderlich.

3. Wenn der Ausbildungsbetrieb das Ausbildungsverhältnis nach Ablauf der Probezeit kündigt, muss er eine vierwöchige Kündigungsfrist einhalten, Jana dagegen braucht keine Kündigungsfristen zu berücksichtigen.

4. Der Betrieb kann darauf bestehen, dass Jana eine Kündigungsfrist von vier Wochen einhält.

5. Wenn Jana jemanden nennt, der an ihrer Stelle das Ausbildungsverhältnis weiterführt, kann sie ohne Einhalten einer Kündigungsfrist aus dem Ausbildungsvertrag entlassen werden.

Ausgangslage für die Aufgaben 4.57 bis 4.59

Die Sanimed GmbH stellt Kosmetikprodukte her. Um dem wachsenden Konkurrenzdruck zu begegnen, setzt die neue Unternehmensführung auf einen Imagewechsel. So soll die Sanimed GmbH in der Branche auf längere Sicht gesehen als innovatives, nachhaltig wirtschaftendes und ökologisch orientiertes Unternehmen wahrgenommen werden. Sichtbares Zeichen dafür ist das Öko-Audit-Zertifikat, welches das Unternehmen erhalten hat.

4.57

Welche **beiden** Voraussetzung hat das Unternehmen erfüllt, damit ihm das Öko-Audit-Zertifikat verliehen werden konnte?

Die Sanimed GmbH hat das Zertifikat erhalten, …

1. weil es eine neue Pflegelinie für reife Haut auf den Markt gebracht hat, die ausschließlich ökologisch kontrollierte Inhaltsstoffe enthält.
2. weil unabhängige Gutachter bestätigt haben, dass ihre Umweltschutzbemühungen den Qualitätsmerkmalen entsprechen, die von der Europäischen Union definiert wurden.
3. weil sie Teil eines Konzerns ist und das Mutterunternehmen an einem anderen Standort dieses Zertifikat erhalten hat.
4. weil sie mithilfe von fachkundiger Beratung ihre umweltrelevanten Abläufe analysiert und anschließend Umweltziele definiert hat. Außerdem hat sie regelmäßige Kontrollen durchführen lassen, die überprüfen sollten, ob das Unternehmen sich bemüht, die Ziele zu erreichen.
5. weil alle Mitarbeiter monatlich auf einen Teil ihrer Entgelte verzichten, der dann für ökologische Projekte gespendet wird.

4.58

Die Abteilungen Marketing und PR planen Folgendes:

1. Das Zertifikat soll gerahmt und gut sichtbar für alle Besucher im Empfangsbereich des Betriebes aufgehängt werden.
2. Ausführliche Hinweise auf das Zertifikat sollen auf der Homepage des Unternehmens sowie in der Unternehmensbroschüre „Sanimed GmbH – wir über uns" platziert werden.
3. In einer Zeitschrift soll eine Werbeanzeige für „Viederma", die neue Tagescreme für reife Haut, erscheinen. Dort soll neben die Abbildung der Creme der Hinweis „öko-audit-zertifiziert" gedruckt werden.

Welches der oben stehenden Vorhaben ist nicht zulässig? Tragen Sie die Kennziffer in das Lösungskästchen ein!

4.59

Um ihre Corporate Identity sichtbar zu machen, gibt sich die Sanimed GmbH ein Leitbild. Als Kern dieses Leitbildes werden wirtschaftliche Ziele, soziale Ziele, ökologische Ziele und technische Ziele definiert. Diese Ziele können nur durch konkrete Maßnahmen erreicht werden.

Ordnen Sie die den Zielen passende Maßnahmen zu, indem Sie die Kennziffern der Ziele in die Lösungskästchen eintragen.

Maßnahmen

1. Einsparung des CO2-Ausstoßes durch den Einbau neuer Filteranlagen
2. Anschaffung von Stehhilfen für die Mitarbeiter/innen im Messebereich
3. Umstellung der Hauptproduktlinie „Junge Pflege" auf „Reife Haut", aufgrund des demografischen Wandels
4. Im Bereich Cremes Entwicklung neuer Mischverfahren, um den Produktionsprozess zu beschleunigen

Ziele

a) Ökonomisches Ziel

b) Soziales Ziel

c) Technisches Ziel

d) Ökologisches Ziel

Bildnachweis

Fotos	Seite
in puncto Transportbeton GmbH	102
MEV-Verlag	23, 28, 50, 82

Titelbild
© endostock – Fotolia.com